公司金融：银企往来新论

CORPORATION FINANCE:
NEW THINKING ABOUT
COOPERATION OF
BANK AND CORPORATION

樊冀 著

云南大学出版社

图书在版编目(CIP)数据

公司金融:银企往来新论/樊冀著.—昆明:云南大学出版社,2008
ISBN 978-7-81112-591-7

Ⅰ.公… Ⅱ.樊… Ⅲ.公司—金融—研究 Ⅳ.F276.6

中国版本图书馆 CIP 数据核字(2008)第 073564 号

公司金融:银企往来新论
樊 冀 著

策划编辑:	张丽华
责任编辑:	张丽华
封面设计:	张严翔
出版发行:	云南大学出版社
电　　话:	(0871)5031071 / 5033244
社　　址:	云南省昆明市翠湖北路 2 号云南大学英华园内
邮　　编:	650091
网　　址:	http://www.ynup.com
E - mail:	market@ynup.com
制版印装:	云南省建筑工程设计院印刷厂
开　　本:	850mm×1168mm　1/32
印　　张:	6.5
字　　数:	170 千
版　　次:	2008 年 6 月第 1 版
印　　次:	2008 年 6 月第 1 次印刷
书　　号:	ISBN 978-7-81112-591-7
定　　价:	19.00 元

序　言

　　公司金融是金融学的一个重要分支学科,在我国,公司金融也称"财务管理"或"公司财务学"。目前相关的公司金融专业书籍,一般分为两种,一是立足于金融的角度,站在金融这一方来研究现代公司理论,针对公司经营和金融市场日益国际化的现状,从宏观或微观角度对公司的各种金融活动进行阐述;一是立足于公司制企业,站在企业这一方来研究现代公司的金融理论及公司财务。

　　《公司金融:银企往来新论》,虽然也是从微观角度进行研究,但研究的侧重点不同,是站在金融与企业之间来研究"银企往来",从金融业与企业之间来描述金融活动,从新的视角来观察金融与企业的业务活动,尝试站在金融业与工商企业之间来研究"公司金融"。在具体内容论述中,既介绍金融业向企业提供的产品和服务,又提出企业应如何选择银行、产品与服务;在所涉及的业务往来中既阐述金融业的账务处理方法,同时又给出企业的相关账务处理方法。这是其他公司金融书籍尚未涉及的研究视角和内容。

　　在银企往来中,企业是金融业的客户,而客户是金融业生存的根本,是金融业的服务对象,没有客户,就没有金融业。而工商企业的筹资、投资,办理国际、国内结算业务等又离不开金融业,它们之间的相互包含、渗透等已形成了密不可分的往来合作关系。在银企往来中金融业要树立"以市场为导向,以客户为中心"的经营理念，以企业需求为导向，根据企业需求的变化和发展来设计和开发金融产品和金融服务，使金融业在竞争中立于不败之地；企业应该充分利用现代金融服务，获得金融的良好支持与服务，实现自己的成长目标和企业价值最大化。

《公司金融：银企往来新论》正是在这样的写作意图下，从微观角度对企业与金融往来的各种业务活动内容进行较全面的论述，在各项往来业务中，强调工商企业在经营中应根据金融业所提供的各种业务内容，结合企业的实际情况有选择的与金融业发生业务往来。在系统介绍金融产品和金融服务内容的同时，为企业提供金融业务往来的有效方案，从而为银企互动以及企业主动地应用金融提供服务，体现建立新型银企关系的愿景，实现企业与金融和谐共进，创造和谐的金融生态，银企共同采用正确的方法，与社会各界一起善用金融，共同促进社会进步。

本书的写作能得以顺利的进行并出版，一方面得到国内外潜心研究公司金融的专家、学者的启发，也借鉴了前人研究的一些理论和观点；另一方面得到了云南师范大学经济学院领导和同事的关心；并得到了云南师范大学经济学院"金融学重点学科"资金的资助，特别是得到了武友德教授和丁文丽教授的支持，得到了云南大学出版社张丽华女士的帮助。在此我特向所有关心和支持过本书撰写、出版的专家、领导、同事、朋友和家人们表示衷心的感谢，并致以崇高的敬意。

由于时间仓促，加之作者的研究水平有限，书中难免出现错漏，恳请读者给予批评指正。

作　者
2008 年 4 月 30

目 录

第一部分　银企往来导论 ……………………………………（1）
　一、选题的背景和创新之处 …………………………………（1）
　二、银企往来关系 ……………………………………………（2）
　三、银企往来新论研究的目的和内容 ………………………（5）
　四、银企往来发展趋势 ………………………………………（6）

第二部分　存款业务往来 ……………………………………（10）
　一、存款业务往来概述 ………………………………………（10）
　二、企业可在银行开立的存款账户 …………………………（11）
　三、企业如何选择存款银行 …………………………………（14）
　四、存款业务往来的处理程序和方法 ………………………（16）

第三部分　融资业务往来 ……………………………………（22）
　一、融资业务往来概述 ………………………………………（22）
　二、企业如何筹划贷款 ………………………………………（24）
　三、企业如何选择贷款银行 …………………………………（25）
　四、贷款发放的操作规程 ……………………………………（27）
　五、贷款业务往来的处理程序和方法 ………………………（30）

第四部分　国内结算业务往来 ………………………………（40）
　一、国内结算业务往来概述 …………………………………（40）
　二、金融业为企业提供的结算方式和结算工具 ……………（43）
　三、企业如何选择结算工具 …………………………………（43）
　四、企业如何选择结算银行 …………………………………（45）
　五、票据结算业务往来的处理程序和方法 …………………（46）
　六、结算方式的处理程序和方法 ……………………………（64）
　七、信用卡结算的处理程序和方法 …………………………（76）

第五部分　中间业务往来 ……………………………………（80）

一、中间业务往来概述 ……………………………………（80）
　二、商业银行代收代付业务的操作规程 …………………（82）
　三、商业银行代理有价证券业务的操作规程 ……………（87）
　四、商业银行代理保险业务的操作规程 …………………（91）
　五、商业银行信托与租赁业务的操作规程 ………………（92）
　六、商业银行担保与承诺业务的操作规程 ………………（102）
　七、商业银行咨询顾问业务的操作规程 …………………（107）

第六部分　国际业务往来 ………………………………（113）
　一、国际业务往来概述 ……………………………………（113）
　二、金融业为企业提供的国际业务种类 …………………（113）
　三、企业应如何选择国际业务银行 ………………………（116）
　四、国际结算业务的处理程序和方法 ……………………（117）
　五、外汇买卖业务的处理程序和方法 ……………………（131）
　六、外汇存款业务的处理程序和方法 ……………………（136）
　七、国际贸易融资与国际商业贷款业务的处理程序
　　　和方法 …………………………………………………（139）
　八、实践中贷款的具体分类及处理方法 …………………（150）

第七部分　保险业务往来 ………………………………（159）
　一、保险业务往来概述 ……………………………………（159）
　二、财产保险保费收入的处理程序和方法 ………………（161）
　三、财产保险赔款支出的处理程序和方法 ………………（167）
　四、人身保险业务的处理程序和方法 ……………………（173）
　五、意外伤害保险与健康保险业务的处理程序
　　　和方法 …………………………………………………（178）

第八部分　证券业务往来 ………………………………（181）
　一、证券业务往来概述 ……………………………………（181）
　二、证券承销业务的处理程序和方法 ……………………（183）
　三、证券经纪业务及其他业务的处理程序和方法 ………（189）

参考文献 …………………………………………………（199）

第一部分 银企往来导论

本书的研究课题是"公司金融：银企往来新论"。导论部分包括：本书选题的背景和创新之处；银企往来关系；银企往来新论研究的目的和内容；银企往来发展趋势。

一、选题的背景和创新之处

公司金融是金融学的一个重要分支学科，就研究对象而言，一定财务目标条件下的投资决策、融资决策和营运资本管理构成了公司金融的基本内容。在我国，公司金融也称"财务管理"或"公司财务学"。目前有关公司金融研究的论著和教材很多，从内容的选择和编撰上看虽然各有特点并不完全相同，但从研究的视角来看，大多分为两种，一是立足于金融的角度，站在金融这一方来研究现代公司理论，针对公司经营和金融市场日益国际化的现状，从宏观或微观角度对公司的各种金融活动进行阐述；一是立足于公司制企业，站在企业这一方来研究现代公司的金融理论及公司财务。其研究成果主要适用于金融学及相关经济学科的专业研究者及高校金融学、经济学、财务管理学、会计学等专业教学使用。

本书是变换研究角度，从新的视角来观察金融与企业的业务活动，尝试站在金融业与工商企业之间来研究公司金融，阐述其理论与业务活动。本书是从金融业与企业之间来描述金融活动，从微观角度对金融活动中金融业与工商企业发生往来的业务部分进行研究，如在具体内容论述中，既介绍金融业向企业提供的产品和服务，又提出企业应如何选择银行、产品与服务；在所涉及的业务往来中既阐述金融业的账务处理方法，同时又给出企业这一方的相关账务处理方法。这是其他公司金融书籍尚未涉及的研究视角和内容，这也正是本书的创新之处。由于金融企业经营的全部业务，都要通过会计核算予以实现，因此，本书所研究的银企往来内容带有金融企业会计的色彩。本书适用于各类企业经营管理人员、金融、财会从业人员及相关读者。

二、银企往来关系

这里的银企往来，是指金融业与工商企业的业务往来。金融业是经营货币和信用业务的特殊企业，包括商业银行和非银行金融机构两大类。

（一）商业银行与非银行金融机构的业务内容

1. 商业银行的业务内容

商业银行从事存贷款业务，其金融活动主要是将社会暂时闲置的资金积聚起来，再以债权人的身份将资金提供给资金需求者，在资金提供者与资金需求者之间发挥中介作用。按规定，我国商业银行主要经营的业务有：吸收公众存款；发放短、中、长期贷款；办理国内外结算；办理票据贴现；发行金融债券；买卖政府债券；从事同业拆借；买卖外汇；提供信用证服务及担保；代理保险业务；提供保险箱服务以及经中国人民银行批准的其他业务。

2. 非银行金融机构的业务内容

非银行金融机构，包括保险公司、证券公司、信托投资公司、租赁公司等。这类金融企业从事财产保险与人寿保险业务、证券买卖业务、信托与委托存贷款业务、融资租赁业务等。由于金融企业经营的业务内容不同于有形产品或商品，其业务均为货币资金的收付、增减、流动，这使得金融业的经营有着与其他企业不同的特点。金融企业是社会资金活动的枢纽，它的各项业务活动延伸到生产和流通领域，各企业、各部门、各单位由经济活动引起的资金活动都要通过金融企业办理，通过金融企业业务活动，可以体现社会资金的流向和国民经济各部门间的经济联系，并反映国民经济发展状况。

（二）银企往来的关系

金融业与工商企业之间的关系是紧密联系的，银行需要从企业那里吸收存款，形成资金来源；而银行的贷款对象主要也是企业，不与企业往来的银行是不可想象的，而企业的经营与发展也离不开银行。金融业作为一国经济中的中介机构，它与工商企业的关系可以在下列几项职能中体现出来。

1. 信用中介职能

信用中介是金融业最基本、最能反映其经营活动特征的职能。这一职能的实质是通过金融业的负债业务（如吸收存款），把社会上各种闲散资金集中到银行，因为任何一个工商企业都会在银行开立存款账户，并将暂时闲置的资金存入银行，再通过金融业的资产业务（如放款），将资金投向社会经济各部门，如工商企业在资金不足时，会向银行申请贷款。金融业通过作为货币资本的贷出者和借入者来实现货币资本的融通。金融业通过信用中介职能实现资本盈余与短缺之间的调剂，并不改变货币资本的所有权，改变的只是其使用权。这种使用权的改变，对经济活动可以起到多层面的调节转化作用：第一，可以把企业暂时从再生产过程中游离出来的闲置资金转化为可用资金，从而在不改变社会资本总量的条件下，通过改变资本的使用量，为实现扩大再生产提供了可能。第二，可将用于消费的资金转化为能带来货币收入的投资，扩大社会资本总量，加速经济增长。第三，可以把短期货币资本转化为长期货币资本，在盈利原则的支配下，还可以把货币资本从效益低的部门或行业引向效益高的部门或行业，形成对经济结构的调节。

2. 支付中介职能

金融业除了作为信用中介融通货币资本以外，还执行着货币经营的职能。金融业在经营过程中，通过存款在账户上的转移来代理企业支付，在存款的基础上为企业兑付现款等，成为工商企业的货币保管者、出纳者和支付代理人。这样，以金融业为中心，形成了经济社会有机的支付链条和债权债务关系。随着金融业的发展，人们对支票和信用卡的使用程度越来越高，金融业支付职能的重要性越来越大。金融业支付中介职能的发挥，大大减少了企业现金的使用，节约了社会流通费用，加速了工商企业的结算过程和货币资金周转，促进了社会再生产的扩大。金融业支付职能的发挥，是以工商企业活期存款账户为基础的，这是因为只有在工商企业保存一定存款余额的基础上，才能办理支付；当存款余额不足时，工商企业会要求金融业给予贷款，而贷款又转化为新的企业存款，又需办理支付。

3. 货币创造职能

金融业利用吸收的存款发放贷款，在支票流通和转账结算的基础上，贷款又转化为派生存款，在这种存款不提取或不完全提现的情况下，就增加了金融业的资金来源，最后在整个金融业体系，形成数倍于原始存款的派生存款。当然，金融业也不能无限制地创造货币，更不能凭空创造货币，它至少要受以下因素的制约：第一，金融业的货币创造要以原始存款为基础，就每一个金融机构而言，要根据存款发放贷款和投资；就整个金融业体系而言，也要在原始存款的基础上进行货币创造。因此，货币创造的限度，取决于原始存款的规模。第二，金融业货币创造受中央银行法定存款准备金比率及现金漏损率的制约，创造能力与其成反比。金融业在吸收了存款后要按中央银行的规定比率上交存款准备金，存款准备金上交得越多意味着金融业可以用来发放贷款的资金就越少，货币创造的能力就越弱。在货币创造的过程还会发生漏损的情况,漏损率越高,货币创造力也就越弱。第三,创造货币的条件,是要有贷款需求。如果没有足够的贷款需求,存款贷不出去,就谈不上创造,因为有贷款才有派生存款;相反,如果归还贷款,就会相应地收缩派生存款,收缩的程度与派生程度一致。因此,对金融业来说,吸收存款在其经济中占有十分重要的地位,而吸收存款与发放贷款都将与工商企业发生密切的往来关系。

4. 金融服务职能

随着金融业的不断发展,金融业各机构之间的业务竞争更为激烈,金融业联系面广,信息较为灵通,特别是电子计算机在金融业务中的广泛应用,使金融业具备了为企业提供多种金融服务的条件。因此,可以对工商企业的经营决策进行咨询服务,为工商企业代理货币业务,如代替企业向职工发放工资、代理支付其他费用等;并提供各种信托业务、经纪人业务、租赁业务、国际业务等。现代化的社会生活及工商企业的业务发展,也从多方面给金融业提出了金融创新的要求。如何借鉴和吸收国际经验,保持竞争优势,不断开发新的业务领域和业务品种,已逐步成为金融业的发展趋势,也是各国金融业面临的一个新的挑战。

随着经济、金融的发展,金融业与工商企业之间的往来日趋频繁,工商企业的筹资、投资,办理国际、国内结算业务等都离不开金融业,它们之间的相互包含、渗透等已形成了密不可分的往来合作关系。

三、银企往来新论研究的目的和内容

(一) 银企往来新论研究的目的

工商企业在其经营活动中如何才能有效利用金融,获得金融的良好支持与服务,这是本书的写作意图。本书立足于现代金融理论,针对企业经营和金融业务发展的现状,系统介绍金融产品和金融服务内容，其目的是为企业提供金融业务往来的有效方案，对工商企业有效利用金融提供指导，为银企互动以及企业主动地应用金融提供服务，体现建立新型银企关系的愿景，实现企业与金融和谐共进。

（二）银企往来新论研究的内容

本书是从微观角度对公司金融进行研究，其研究的侧重点，是站在金融与企业之间来研究"银企往来"，以企业需求为导向，为企业有效利用金融提供服务。

本书在具体研究中，对工商企业与金融业往来的各种业务活动内容进行了较全面的论述，包括：存款业务往来、融资业务往来、国内结算业务往来、中间业务往来、国际业务往来、保险业务往来、证券业务往来等。在各项往来业务中，强调工商企业在经营中应根据金融业所提供的各种业务内容，结合企业的实际情况有选择地与金融业发生业务往来。在系统介绍金融产品和金融服务内容的同时，为企业提供金融业务往来的有效方案，从而为银企互动以及企业主动地应用金融提供服务，同时对金融业及企业在往来中所涉及的各项业务，从金融和企业两方分别简要的介绍各自的账务处理。

四、银企往来发展趋势

（一）在银企往来中金融业所面临的挑战

金融业所面临的挑战主要来自以下几个方面：

1. 来自企业（客户）的挑战

在银企往来中，企业是金融业的客户，而客户是金融业生存的根本，是金融业的服务对象，没有客户，就没有金融业。随着社会经济的发展、金融知识的普及以及金融业竞争的加剧，工商企业对金融产品和金融服务的需求在不断地发生变化。这就要求金融业要树立"以市场为导向，以客户为中心"的经营理念，根据企业需求的变化和发展来设计和开发金融产品和金融服务，使金融业在竞争中立于不败之地。

2. 来自金融业之间的挑战

20世纪80年代之前，许多国家的金融当局都规定金融业实行分业经营，由于银行业务范围比较狭窄，竞争也不很激烈，很大程度上将金融市场风险置于银行之外。而20世纪80年代后，银行业一方面受到迅猛的通货膨胀、剧烈波动的汇率、起伏不定的利率、规模巨大的国际游资和动荡不安的世界经济的巨大冲击，另一方面面临着来自同行和非银行性金融机构的激烈竞争。

3. 来自金融监管的挑战

20世纪80年代以来，金融危机的频繁爆发，国际货币体系的变革，来自非银行金融机构以及金融管理比较宽松国家的银行的竞争，导致世界上许多国家和地区逐渐放松对银行业的监管，开始允许银行跨地区经营，允许银行跨业经营，商业银行逐渐发展为综合性的"金融百货公司"，金融业日益国际化。这就促使金融监管的国际化趋势日益突出，许多以前没有列入监管范围的银行业务，如衍生金融业务、表外业务都成为监管对象。而且金融当局与国际性银行的监管合作日益密切，这对开展国际业务的银行提出了新的挑战。

（二）金融业的发展趋势

1. 业务经营向综合化发展

20世纪70年代以来，西方国家的金融业竞争激烈，金融工具不断创新，金融管理制度逐渐放宽，商业银行逐渐突破了与其他金融机构之间分工的界限，开始跨业经营，逐渐走上了业务经营"全能化"的道路。目前，西方商业银行除保留传统的发放短期贷款业务外，还经营其他多种金融业务，如中长期贷款、设备租赁贷款、不动产抵押贷款、消费贷款、农业贷款、住房按揭贷款等。除此之外，商业银行还经营存款、汇款、信托咨询、证券买空、外汇买卖、代理保险、保管箱、信用卡等业务。

2. 金融业的全方位创新

从20世纪50年代开始,特别是进入20世纪70年代以后,西方金融领域出现了一系列重大而引人注目的新事物:新技术广泛应用于金融业,新型金融市场不断形成,新的金融工具、新的金融交易和新型的金融服务层出不穷,人们把这些新事物统称为"金融创新"。金融创新是指金融领域内部通过各种要素的重新组合和创造性变革所创造或引进的新事物。金融创新的内涵是丰富的,它包括金融业务的创新、金融机构的创新、金融市场的创新、金融工具的创新及金融制度的创新等。

3. 金融业的国际化发展

金融市场和金融结构正日趋国际化,金融业不仅在国内开设营业机构,也在国外设立分支机构营业;一些大型企业既能从国内进行融资,也能从国外的机构借款,既能发行以所在国家货币标价的证券,也能发行以欧元、美元等标价的证券;社会投资者也开始选择不同国家发行的证券来投资。这就导致了国内金融工具的利率逐渐与国际利率接轨。国际化的金融市场和金融机构的发展,使国界对金融交易的限制已经越来越淡化。一国的政治经济政策和经济发展情况往往可以影响到其他国家的经济发展。这就要求商业银行在开拓市场和制定发展战略时要对国际大环境,包括国际经济形势和国外银行的发展和竞争进行关注和研究。

4. 金融业经营手段的发展

随着科学技术的飞速发展和银行之间的激烈竞争,各种国际金融业电子网络陆续形成,金融业同越来越多的公司联机联网。金融业广泛使用电子计算机技术,大大推动了金融业务自动化、综合管理信息化和客户服务全面化,金融业对生产、流通和消费的介入也更加广泛和深入,从而大大提高了金融业的竞争能力。

(1)业务处理自动化。这是指金融业务处理手段的自动化以及电脑取代人手和减少分行数目。自动化使金融业务传统运作发生了深刻的变化，降低了成本，增加了盈利，节省了人力、物力，同时为开拓新业务创造了条件。

（2）综合管理信息化。金融电子化能提供和促进综合管理信息化。金融高层管理人员为了提高和加强自身的管理水平，必须通过电脑获取和应用大量信息。在取得大量信息的基础上，首先进行分类、统计、反馈、控制，然后在此基础上采用数学模型等先进手段，对信息进行综合分析、研究、预测，建立专家软件系统和决策软件系统。信息化使金融业减少了经营风险，提高了管理水平和竞争力。利用计算机迅速准确地收集、储存各类信息和各种业务数据，成为金融业必不可少的工作手段。金融业务部门，特别是决策层，通过各种信息数据进行考核和评估、分析和监控，以便作出正确的决策。

（3）客户服务全面化。无论金融业经营什么业务，它都离不开客户。金融业要不断进行营销，建立忠诚的客户群，并进一步巩固和发展客户群，除了增加和开拓新业务品种、降低收费外，金融业还要努力提高服务质量，为客户提供全方位、高质量的服务。

第二部分　存款业务往来

一、存款业务往来概述

存款是金融业以信用方式吸收社会闲置资金的筹资活动。存款一直是银企业务往来的重要组成部分。一方面，存款是银行筹措资金来源的业务，是金融业信贷资金的重要来源，是其发放贷款的基础。另一方面，存款是企业办理转账结算的前提，各企业只有在商业银行或金融机构存款账户上拥有足够的存款，才能实现支付及与其他单位的经济交往。

马克思说过，对银行来说，具有最重要意义的始终是存款。的确如此，银行通过吸收存款，可以把国家财政渠道集中不起来的大量的、分散的再生产过程中的间歇资金和人民群众的结余待用资金，利用吸收存款方式集中起来，然后有计划地发放出去，发挥银行分配资金、调节社会经济、平衡社会资金需求，稳定货币和调节货币流通的作用。同时，各单位的存款又是银行办理支付结算的前提。因此，存款业务往来对于金融业和企业都具有重要的意义。

（一）企业存款的概念

企业存款指工商企业把生产流通过程中的支付准备金和部分扩大再生产的积累基金存放在银行所形成的银行存款。企业存款是现代经济社会企业从事经济交易进行资金清算的基础。

（二）银行为企业设置的存款种类

商业银行为了吸收存款及满足与方便存款客户，设置了不同种类的存款。一般而言，对企业存款的划分依据主要有支取方式和币种等。

1. 按存款支取方式划分

（1）活期存款。活期存款是金融业的传统存款业务，它是不规定存取期限，存户可随时提取，银行有义务随时兑付的存款。具体存款业务有：支票户存款、信用卡存款、存折存款等。

（2）定期存款。定期存款是指存款人与银行预先约定存款数量、利率和期限，存款到期才能向银行提取存款本金和利息的固定期限存款。

2. 按存款币种划分

（1）本币存款（人民币存款）。人民币存款是企业存入的人民币款项形成的存款。

（2）外币存款。外币存款是企业将其所有的外汇资金存入银行，并于以后随时或约期支取的存款。

（三）存款对企业的意义

从企业的角度来看，金融业通过存款业务可以为企业提供各种服务、便利条件和投资场所。企业将资金存放在银行后就形成信用关系，但对大多数企业而言，将款项存在银行并没有强烈的债权意识，企业主要关注的是银行所提供的便利和服务。金融业通过存款业务为企业提供了存放资金的适当场所，在增强企业货币资金存放安全性的同时，还可为企业提供支付、转账、咨询等服务，大大节省了企业的时间和费用，便利了企业的资金运用。

二、企业可在银行开立的存款账户

（一）存款账户的种类

根据国家规定，企业除了保留必要的备用金外，其余货币资金必须存入银行。因此，每一个与银行发生资金往来的企业，都必须按规定开立相应的存款账户，以便于办理资金收付和同其他企业、单位进行结算，以及办理贷款。

按金融业的资金管理要求，企业可在银行开立的存款账户有：基本存款账户、一般存款账户、临时存款账户和专用存款账户。

1. 基本存款账户

基本存款账户是企业存款人在与各经济部门单位发生经济往来时，用于办理日常转账结算和现金收付的主要账户。一个企业只能选择一家银行或信用社的一个营业机构作为开户行社，开立一个基本存款账户。企业的工资、奖金等现金支取以及交纳税款等，也只能通过基本存款账户办理。

2. 一般存款账户

一般存款账户是企业存款人在对外经济往来时用于办理转账结算和现金缴存的账户。一般存款账户不能支取现金。为适应企业向多家银行或信用社借款转存和与基本存款账户的存款人不在同一地点的附属非独立核算部门对外结算等需要，企业可以在基本存款账户以外开立一般存款账户。

3. 临时存款账户

临时存款账户是企业存款人因临时经营活动的需要申请开设的账户。临时存款账户不计息，使用期限最长不超过半年。一个企业在同一地方一年之内不得开立两次临时账户。企业存款人可通过本账户办理转账结算和根据国家现金管理规定办理现金收付。

4. 专用存款账户

专用存款账户是为企业、单位具有特定用途的专项资金而开立的账户。如企业因基本建设、更新改造或办理信托、政策性房地产开发、信用卡等用途需要而申请开立专用存款账户。企业的销货款不能进入该账户。该账户一般不能提取现金，确因需要，必须经当地人民银行批准，按照国家现金管理规定办理现金支取。

（二）企业如何开立各种存款账户

企业申请开立账户时，应填制开户申请书，并提供规定的证明文件。

1. 企业申请开立基本存款账户时，应向开户银行出具工商行政管理机关核发的"企业法人执照"或"营业执照"正本；有关部门的开户证明、批文、承包协议、居民身份证和户口簿等证明文件之一。

2. 企业申请开立一般存款账户时，应向银行出具其开立基本存款账户规定的证明文件、基本存款账户开户登记证件以及存款人因向银行借款需要应出具借款合同、存款人因其他结算需要应出具有关证明。

3. 企业申请开立临时存款账户时，企业存款人应向银行出具工商行政管理机关核发的临时执照或有权部门同意设立外来临时机构的批文。

4. 企业申请开立专用存款账户时，应向银行出具其开立基本存款账户规定的证明文件、基本存款账户开立登记证以及经有关部门批准立项的文件或国家有关文件的规定。

申请开户的企业还应送交盖有企业印章的印鉴卡片，申请开立基本存款账户时，并应凭中国人民银行核发的开户许可证。经开户银行审核上述证件后，为其开立相应的存款账户。

（三）银行对账户的管理规定

存款账户一经开立，银行就必须加强对账户的管理，监督开户企业正确使用账户。各企业通过银行账户办理资金收付时，必须遵守银行的有关规定：

1. 企业作为存款人只能选择一家银行的一个营业机构开立一个基本存款账户，不允许在多家银行开立基本存款账户。

2. 开户实行双向选择。存款人可以自主选择银行，银行也可以自愿选择存款人开立账户。任何单位和个人都不能干预存款人在银行开立或使用账户，银行也不得违反规定强拉客户在本行开户。

3. 实行开户许可证制度。企业开立基本存款账户应实行核准制度，应凭当地人民银行分支机构核发的开户许可证办理。

4. 存款人应严格按照《中国人民银行结算账户管理办法》办理结算业务，存款人的账户只能办理存款人本身的业务活动，不允许出租和转让银行结算账户，不得利用银行结算账户套取银行信用。

5. 企业在银行的存款，其所有权和使用权属于存款人，银行应保障其合法权益。除国家政策规定外，银行不得代任何单位和个人查询、冻结、扣划存款人账户内的存款。

6. 存款人开立和使用银行账户应当遵守法律、行政法规，不得利用银行账户进行偷逃税款、套取现金及其他违法犯罪活动。

三、企业如何选择存款银行

存款业务是银行法定的经营业务，对于银行来说为提高其存款稳定性，可以采取的具体措施有：简化开户条件；对大额存款及高端客户提供优质服务，尽量方便客户存储；不断调整银行的存款结构等。

就企业而言，对开户银行的选择主要考虑以下几个方面：

（一）服务优质

不同的银行对存款所提供的服务等有所不同。目前我国企业在存款银行的选择上，主要关注的是所提供的服务，是否热情周到，是否方便快捷，企业在选择开户银行时往往将是否能提供优质服务作为最重要的条件。对于那些配套服务健全和多样化的银行能大大提高竞争存款的能力，比如一些银行为争夺存款，提出了"全面服务"这一概念，银行的全面服务具体包括：服务设施、服务项目和服务质量,这种全面服务对在几家银行间徘徊的企业客户来说具有较强的吸引力。一家银行的服务设施越完备,服务项目越齐全,服务质量越高,就越能吸引企业开户存款。

(二)银行的资产规模及信誉

在利率和其他条件相同或相差不远的情况下,企业应把资金存放到实力雄厚、信誉好的银行,企业选择银行的首要标准应该是其信誉如何,尤其是持有资金数额较大的企业,更要注重银行的资产规模及偿还债务的能力,使企业的存款处于相对安全的地位,因为这些资信颇佳的大银行破产倒闭的风险较小。

(三)贷款便利

由于存款和贷款密不可分,企业在选择将资金存放在哪一家银行时,应把能否在其需要时取得贷款作为一个重要条件,有条件提供贷款的银行往往在竞争中处于有利地位。银行提供贷款要求企业必须在银行有一定的活期存款,如西方商业银行规定客户的活期存款余额,不得少于其要求贷款的 10%~15%。因此,如果贷款便利,企业会更多地选择在该银行存款。

(四)银行网点设置和营业设施

便利的网点和良好的设施也是影响存款的一个重要因素。从企业开立存款账户来说,一般是就近选择银行作为开户银行。银行广设营业网点,特别是在人口密集的地区、交通中心、郊区的居民小区设置分支机构,必将吸引更多的企业就近开户存款,存款的便利能有效地建立存户的忠诚感和吸引老存户周围的企业加入。

(五)银行及其员工形象

企业在选择银行时,会更多地考虑有良好形象的银行,同时银行员工的形象也会对企业选择开户银行产生影响。高效、礼貌、热忱的员工体现着良好的管理素质和经营素质,企业会更多选择将存款放在这样的银行。

四、存款业务往来的处理程序和方法

企业与银行的存款业务往来主要有活期存款和定期存款。

(一) 活期存款的处理程序和方法

活期存款是指可由存款户随时存取和转让的存款，它没有确切的期限规定，银行也无权要求客户取款时做事先的书面通知。这种存款主要用于交易和支付用途的款项，能满足存款户存取方便、运用灵活的需要，也是企业从银行取得贷款和服务的重要条件。因此，各企业都要在银行开立活期存款账户。而银行经营这种活期存款业务的主要目的是为了满足存户方便地支取现金、快捷地进行转账结算的需要。

企业活期存款业务往来，主要包括活期存款的存入和支取两项内容。而活期存款的存入和支取又分为现金和转账两种，即存取现金和转账存取。

根据存取方式不同，企业活期存款可分为支票户和存折户两种。

1. 支票户存取款业务的程序和方法

(1) 存入现金的业务

企业向银行存入现金时，应填写一式两联现金交款单，连同现金一并提交开户银行的出纳部门。银行出纳部门审查和收妥现金后，在交款单上签现金收讫章及相关名章，并经审核无误后，将现金交款单第一联作为回单联交企业带回凭以记账，现金交款单第二联由银行代现金收入传票凭以登记存款企业分户账。

银行的账务处理为：借：库存现金
　　　　　　　　　　贷：吸收存款——××企业存款户
企业的账务处理为：借：银行存款
　　　　　　　　　　贷：库存现金

(2) 支取现金的业务

存款企业向银行支取现金时，应签发现金支票，在支票上加盖预留银行印鉴，由取款人提交开户银行会计部门。银行会计部门要审查现金支票各栏填写是否齐全、正确，预留印鉴是否相符、清晰，背书与指定取款人是否一致，取款企业账户上是否有足够的资金。经审查无误后，以现金支票代现金付出传票登记该取款企业存款分户账。同时由银行出纳部门将现金提交取款人。

银行的账务处理为：借：吸收存款——××企业存款户
       贷：库存现金

企业的账务处理为：借：库存现金
       贷：银行存款

2. 存折户存取款业务的程序和方法

(1) 存入现金的业务

企业存折户在第一次存入现金开立账户时，应填写存款凭条并连同现金交开户银行出纳部门，银行出纳部门审核无误收妥现金后，交由会计部门再进行审查无误后，根据存款凭条开立存折，将存折编列账号，填入存款金额，并加盖银行业务章后交存款企业，以存款凭条作现金收入传票登记该企业存款账。开户银行及企业的账务处理都与支票户存入现金相同。

(2) 支取现金的业务

存折户向其开户银行支取现金时，应填写取款凭条，并加盖预留银行印鉴后，连同存折一并送交银行会计部门，银行会计部门审查凭证、存折无误后，以取款凭条代现金付出传票，登记取款企业存款账户及存折，将取款凭条与存折送交出纳部门凭以付款，然后将存折退交取款企业。开户银行及企业的账务处理与支票户支取现金相同。

(二) 定期存款的处理程序和方法

定期存款是相对于活期存款而言的，是一种具有一定支付期限的存款,即款项存入后,要按照事先约定的期限,到期才能提取。定期存款是银行为了吸收长期闲置资金而开办的业务。其特点是:存款时间长,存期固定,规定存储起点金额,到期支付本金和利息。

各企业对属于自己支配的专用资金在一定时期内不需要使用的,可存定期存款,以获取较高利息。目前,定期存款的存期有3个月、半年、1年、2年、3年、5年共六个档次,由企业根据需要选择。存款的金额起点为10000元,多存不限,一次存入,到期支取,只能转账,不能支取现金。企业定期存款一般不能提前支取,过期支取的过期部分,按活期利率计息。定期存单一般不能流通转让。

1. 存款时的处理

企业持现金或转账凭证,申请办理定期存款时,银行经办人员受理后,按现金或转账结算有关规定审查无误,办妥收款手续后,开具定期存款存单一式三联,存单的第二联代定期存款单,由银行加盖经办员章和业务公章后,交存款企业保管,凭以到期取款。

银行的账务处理为:

借:吸收存款——××企业活期存款户
　　(或库存现金)
贷:吸收存款——××企业定期存款户

企业的账务处理为:借:银行存款——定期存款
　　　　　　　　　　贷:银行存款——活期存款
　　　　　　　　　　　　(或)库存现金

2. 取款业务

定期存款到期,企业持定期存单到银行要求取款时,应填写一式两联进账单连同定期存单,一并交银行会计部门,银行经办员凭企业提交的定期存单抽出原第三联存单进行核对,无误后,计算存款利息,并将存款本金和利息一并转入该企业活期存款账户。

银行的账务处理为：
　　借：吸收存款——××企业定期存款户
　　　　利息支出——××利息支出户
　　贷：吸收存款——××企业活期存款户
企业的账务处理为：借：银行存款——活期存款
　　　　　　　　　　贷：银行存款——定期存款
　　　　　　　　　　　　财务费用（利息收入）

（三）存款利息计算的有关规定和方法

对存款利息的计算，是由银行会计人员按中国人民银行总行统一规定的利率和方法来进行。

1. 存款利息计算的时间

（1）活期存款计息时间

对企业活期存款按季度计算利息，每季度末月 20 日为结息日，按结息日挂牌活期利率计息，计息期间遇利率调整不分段计息。未到结息日清户时，按清户日挂牌公告的活期利率计息至清户前一日止。

（2）定期存款计息时间

对企业定期存款根据存期的档次计算利息，于存款到期日、利随本清。企业存款利息不需要缴纳利息税。

2. 利息计算的一般规定

（1）利息计算公式。

银行计算利息时，一般可采用积数计息（逐日计息）和逐笔计息（按整年整月计息）两种计息方式。

利息 = 本金（存款金额）× 存期 × 利率

利息 = 累计积数 × 日利率

积数 = 存款余额 × 日数

在采用积数计息法时，银行将年利率折算成日利率是以每月 30 天，一年 360 天计算的。

(2) 本金元位起息,元位以下不计息。计算的利息保留到分位,分位以下四舍五人。

(3) 存期是存款人的存款时间,存期"算头不算尾",也就是存入日计算利息,支取日不计算利息,其计算方法是存入日至支取日的前一日为止。在计算存期时,应注意与利率在计算单位上的一致性,即存期以天数计算时,用日利率;存期以月计算时,用月利率;存期以年计算时,用年利率。

(4) 利率是指一定存款的利息与存款本金的比率。利率由国务院授权中国人民银行制定与公布,各金融机构执行。利率用年利率、月利率、日利率表示。

3. 活期存款利息计算的方法

企业活期存款由于存取次数频繁,其余额经常发生变动。计息时可采用积数法。计息公式如下:

利息 = 积数 × 日利率

积数就是经常变动的存款余额之和。由于积数是按日累加的,计算时便可看做是一天的存款。所以,月利率应换算成日利率。

利用积数法计算利息,关键在于积数。计算积数的方法可分为使用余额表和账页计算两种。

(1) 余额表计息法

余额表计息是将某存款账户的余额按日连续相加来计算积数,结息日按累计积数之和乘利率,计算利息的一种方法。其具体做法是:每天营业终了,记账人员将各计息存款账户余额按单位或账号顺序逐户分别抄列入"计息余额表"相应账户栏内。如果某账户余额当天未发生变化或遇节假日,应照抄前一日的余额。每旬结束应小计一次,即把本旬每日余额相加,填入小计栏内。由于发生记账差错,除了更正错账外,也要及时调整积数,以调增或调减的余额乘以错账日数,计算出应调增或应调减的积数,填入余额表中该账户的"补增积数"或"补减积数"栏内。

三旬的小计相加，再加上"补增积数"，减去"补减积数"，就等于"累计积数"。如果不是结息期，在更换余额表时，应将未计息的"累计积数"转入新余额表的"结转累计积数"栏，以便连续计算结息期的积数。在新余额表计满后，将"结转累计积数"加上三旬的小计，再加上"补增积数"，减去"补减积数"，即为"累计积数"。以该累计积数为准计算本次应计利息，将计算出的利息记入余额表中的"应计利息"栏内。采用余额表计息的公式是：

计息积数 × （月利率÷30） = 利息

（2）账页计息法

账页计息法是利用带"日数"和"积数"的一种账页，以某存款账户营业终了时的账面余额乘以该余额在账面上保留的天数而求得积数的一种方法。其具体做法是：按照"算头不算尾"的原则，计算出余额自发生变化之日起至再次变化前一天止的日数，然后以日数乘以该余额计算出该余额再次变动前的积数，并将日数与积数分别填入该余额所在的账面横行的"日数"与"积数"栏内。在计息时，将每个积数加总即为累计积数。

4. 定期存款利息计算的方法

定期存款利息采取利随本清办法，即在到期日支取本金同时逐笔计算利息。计算期限一律按对年、对月计算。对年，不论平年、闰年，一律按360天计算；对月，不论大月、小月、平月，一律按30天计算；遇有零头天数，按实有天数计算。利息计算公式如下：

本金 × 天数 × （月利率÷30） = 利息

一年以上定期存款利息按季预提，到期日支取存款本息时，填制一式三联"计算利息清单"，清单上的"天数"改为"年数"，"积数"改为"本金"，一联加盖业务公章后交存款企业，其余两联代替借、贷方记账凭证进行相关账务处理。

贷款。

（1）短期贷款，是指商业银行根据有关规定向企业发放的，期限在1年以下（含1年）的各种贷款。包括质押贷款、抵押贷款、保证贷款、信用贷款等。贷款本金按实际贷出的贷款金额入账。期末，按照贷款本金和适用的利率计算银行应收利息。抵押贷款应按实际贷给企业的金额入账。

（2）中期贷款，是指商业银行发放的贷款期限在1年以上5年以下（含5年）的各种贷款。

（3）长期贷款，是指商业银行发放的贷款期限在5年（不含5年）以上的各种贷款。

2. 贷款按其对象不同分类

贷款按对象不同可划分为单位贷款和个人消费贷款。

3. 贷款按发放条件不同分类

贷款按发放条件不同可划分为信用贷款、担保贷款和票据贴现贷款。

4. 贷款按是否具有政策性可划分为商业性贷款与政策性贷款

（1）政策性贷款是对某些单位或专项用途发放的贷款，这类贷款基本上由政策性银行办理，有些商业银行也有此类业务。

（2）商业性贷款是由商业银行根据其经营原则，决定贷与不贷、贷多贷少以及是否需要抵押物等而发放的贷款。

5. 贷款按资金来源及贷款风险承担人不同可划分为自营贷款和委托贷款

（1）自营贷款是商业银行以合法方式筹集的资金自主发放的贷款，其风险由商业银行承担，并由商业银行收回贷款本金和利息。

（2）委托贷款是委托人提供资金，由商业银行（受托人）根据委托人确定的贷款对象、用途、金额、期限、利率等而代理发放、监督使用并协助收回的贷款,其风险由委托人承担。商业银行发放委托贷款时,只收取手续费,不得代垫资金。商业银行因发放委托贷款而收取的手续费,按收入确认条件予以确认。

6. 贷款按其本息是否逾期并超过一定天数可划分为应计贷款和非应计贷款

(1)非应计贷款是指贷款本金或利息逾期90天没有收回的贷款。

(2)应计贷款是指非应计贷款以外的贷款。银行在贷款的本金或利息逾期90天时,对其单独核算。当应计贷款转为非应计贷款时,是将已入账的利息收入和应收利息予以冲销。从应计贷款转为非应计贷款后,在收到该笔贷款的还款时,首次应冲减本金;本金全部收回后,再收到的还款则确认为当期利息收入。

(三)贷款业务的基本规定

1. 贷款的发放和使用必须符合国家的法律法规、《贷款通则》及中国人民银行发布的有关规章制度。办理贷款业务应遵循效益性、安全性和流动性原则。

2. 对单位发放的贷款可申办展期,个人贷款可否展期应视不同品种而定。

3. 贷款应当由贷款人与借款人签订借款合同。

4. 贷款人和借款人应当按照借款合同和中国人民银行有关计息规定按期计收和交付利息。

二、企业如何筹划贷款

(一)确定合适的借款时机

首先,要根据企业在某段时间内的短期资金需求量确定借入资金的数量,如果在某一时期,企业资产的平均期限较短,有能力应付资金短缺风险,且当时市场利率较高,就没有必要利用和扩大借款,如情况相反,则必须注重借款的运用。其次,根据一定时期金融市场的资金供求状况与利率变动来选择借款时机,在市场利率较低时适当多借入一些资金,反之则少借或不借。

（二）确定适度的借款规模

借款虽然是企业经营活动中必需的,然而并非借款越多对企业的经营越有利。因为借入资金要付出融资成本,如果现有资金能满足其周转的需要,则不应继续增加借款规模,而应通过调整资产结构的办法来保持资金流动性,或者通过进一步挖掘现有资金潜力的办法来满足资金需求。

（三）确定合理的借款结构

在我国一般来说,短期借款的利率低于中长期借款的利率,借款期限越长利率越高,因此,企业应安排好各种期限的借款在借款总额中的比重。从借款的成本结构看,一般应尽可能地多利用低息借款,少用高息借款,以降低负债成本。如果资产预期效益较高,又难以争取到低息借款时,则可适当借入高息的资金,但盈利仍应放在第一位。

（四）把握借款期限和金额

企业在借款筹划上,应注意借款到期时间和金额分散化,主动把握借款期限和金额,以减少负债偿还过于集中的压力；在自有资金不能满足资金需求的情况下,才考虑借入资金,把借款控制在自身承受能力允许的范围内；正确统计借款到期的期限和金额,以便做到事先筹措资金,以满足资金周转的需要。

三、企业如何选择贷款银行

企业要取得借款就得与银行发生直接的关系,因此,企业作为潜在借款者应该认识和考虑银行间的重要区别。

（一）银行对风险有不同的基本政策

一些银行倾向于采取比较保守的借款做法,而另一些银行则从事于所谓有创造性的银行业务的实践活动。政策部分反映了银行决策者的个性以及银行存款负债的特征。因此，在一静态社会中存款负债波动起伏的银行往往是保守的贷款者。存款不断扩大，中断甚少的银行可能采取自由信贷政策。在广大地区或几个行业进行多种经营的大银行能够享受风险合并和平均化的好处。

（二）对预期有发展前途的企业会积极支持

一些银行贷款人员在提供咨询和企业初创时期向企业大量发放发展贷款时十分积极。某些银行甚至设有专门部门向预期有发展前途的企业贷款。这些部门的银行专家可以向客户提供许多咨询。

（三）银行在困难时期支持借款的做法是有差别的

这一特征称为银行的忠诚程度。银行在困难时期，一些银行会对企业施加很大的压力，要求它们偿还银行贷款，而这时企业又前景黯淡。但是其他一些银行却可能仍支持企业，勤奋工作以帮助企业获得更为有利的条件。

（四）银行存款的稳定性程度影响

银行间存在不同的另一个特征是存款稳定性的程度。不稳定性不仅产生于存款水平的波动，还产生于存款的结构。存款可以采取活期存款或者定期存款的形式，当定期存款量很大时，全部存款趋于更稳定。存款稳定性的不同，很大程度上解释了银行愿意或者有能力在多大程度上帮助借款者走出困境，甚至危机。

（五）银行在贷款专业化程度方面的不同

较大的银行有独立的部门专门负责不同种类的贷款，如不动产贷款、分期偿还贷款以及商业贷款。在这些广泛的分类中，较大的银行可能根据行业，如钢铁、机械或者纺织等，进行专业化分工。较小的银行可能反映经营业务的特性和经营所处的经济环境，如是石油、建筑或者农业这样特殊行业的专家。借款者可以从对其经济业务种类十分熟悉以及经验丰富的银行那里取得更具创造性的合作与更主动的支持。因此，企业负责人应该仔细选择银行。对一个企业特别好的银行可能使另外一家企业失望。

（六）银行的规模大小

银行的规模也是一个重要的特征。既然银行能够向客户提供的最大贷款通常限制在银行资本账户的 10% 内，那么大型企业同小银行发展借贷关系通常是不合适的。

（七）金融业之间的竞争

随着商业银行和其他金融机构间竞争的不断激烈，银行的积极性增强了。目前，现代商业银行提供广泛的金融和业务服务。很多大银行有业务发展部门，向企业提供咨询，并在满足企业广泛的需求方面起着中间人的作用。

四、贷款发放的操作规程

（一）贷款申请

凡符合借款条件的企业，在银行开立结算账户、与银行建立信贷关系之后，如果出现资金需要，可以向银行申请贷款。

借款人申请贷款必须填写借款申请书。借款申请书的基本内容包括：借款人名称、性质、经营范围，申请贷款的种类、期限、金额、方式、用途，用款计划，还本付息计划以及有关的经济技术指标等。

为便于贷款人审查贷款，借款人在递交借款申请书的同时，还必须提供以下资料：（1）借款人及保证人的基本情况及有关法律文书，如营业执照、法人代表证明文件等；（2）财政部门或会计（审计）事务所核准的上年度会计报表及申请贷款前 1 个月的财务报表或资产负债表；（3）原有不合理占用的贷款纠正情况；（4）自有资本和自有流动资金补充情况；（5）担保品及拟同意担保的有关证明文件；（6）贷款人认为需要提供的其他文件、证明等。

如果借款人申请中长期贷款,除了上述资料外,借款人还必须提供以下资料:(1)项目开工前期准备工作的情况报告;(2)在开户银行存入规定比例资金的证明;(3)经批准下达的项目开工通知书;(4)按规定项目竣工投资所需自有流动资金落实情况及证明材料;(5)进出口协议或合同等。

(二)银行对借款人的信用等级评估

银行在对借款人的贷款申请进行深入细致的调查研究的基础上,还要利用掌握的资料,对借款人的领导者素质、经济实力、资金结构、履约情况、经营效益和发展前景等因素,进行信用评估,划分信用等级。信用评估可以由贷款银行独立进行,评估结果由银行内部掌握使用;也可以由有资格的专门信用评估机构对借款人进行统一评估,评估结果供各家银行使用。

(三)银行进行贷前调查

银行作为贷款人受理借款人申请后,会指派专人进行调查。调查的内容主要有两个方面:一是关于借款申请书内容的调查。主要审查其内容填写是否齐全、数字是否真实、印鉴是否与预留银行印鉴相符、申请贷款的用途是否真实合理等。二是贷款可行性的调查。主要调查:(1)借款人的品行,主要了解与借款人的资料有关的证明文件和批准文件;(2)借款合法性,主要了解借款的用途是否符合国家产业、区域、技术以及环保政策和经济、金融法规;(3)借款安全性,主要调查借款人的信用记录及贷款风险情况;(4)借款的盈利性,主要调查测算借款人使用贷款的盈利情况及归还贷款本息的资金来源等。

(四)贷款审批

银行作为贷款人应当建立审贷分离、分级审批的贷款管理制度。审查人员应当对调查人员提供的资料进行核实、评定,复测贷款风险度,提出意见,按规定权限报批。通常采用审贷分离、分级审批的贷款管理制度。

（五）签订借款合同

借款申请经审查批准后，必须按《合同法》和《借款合同条例》，由银行与借款人签订借款合同。借款合同应当约定借款种类、借款用途、金额、利率、借款期限、还款方式、借贷双方的权利和义务、违约责任和双方认为需要约定的其他事项。

保证贷款应当由保证人与贷款人签订保证合同，或保证人在借款合同上载明与贷款人协商一致的保证条款，加盖保证人的法人公章，并由保证人的法定代表人或其授权代理人签署姓名。抵押贷款、质押贷款应当由抵押人、出质人与贷款人签订抵押合同、质押合同，需要办理登记的，应依法办理登记。

（六）贷款发放

借款合同生效后，银行应按合同规定的条款发放贷款。在发放贷款时，借款人应先填好借款借据，经银行经办人员审核无误，并由信贷部门负责人或主管行长签字盖章，送银行会计部门，将贷款足额划入借款人账户，供借款人使用。贷款人要按借款合同规定按期发放贷款。贷款人不按合同约定按期发放贷款的，应偿付违约金。

（七）贷后检查

贷款发放后，贷款人应当对借款人执行借款合同的情况及借款人的经营情况进行追踪调查和检查。检查的主要内容包括：借款人是否按合同规定的用途使用贷款；借款人资产负债结构的变化情况；借款人还款能力即还款资金来源的落实情况等。对违反国家有关法律、法规、政策、制度和借款合同规定使用贷款的，银行检查人员应及时予以制止并提出处理意见。对问题突出、性质严重的，要及时上报主管领导甚至上级行采取紧急措施，以尽量减少贷款的风险损失。

（八）贷款归还

借款人应当按照借款合同规定按时足额归还贷款本息。贷款人在短期贷款到期1个星期之前、中长期贷款到期1个月之前，应当向借款人发出还本付息通知单；借款人应当及时筹备资金，按期还本付息。贷款人对逾期的贷款要及时发出催收通知单，做好逾期贷款本息的催收工作。贷款人对不能按借款合同约定期限归还的贷款，应当按规定加罚利息；对不能归还或者不能落实还本付息事宜的，应当督促归还或者依法起诉。

借款人提前归还贷款，应当与贷款人协商。

五、贷款业务往来的处理程序和方法

银行的贷款按经营管理的要求种类划分较多，但对企业贷款业务的办理，按照简化手续和便于管理的要求出发，对企业的贷款可划分为三大类：信用贷款业务、担保贷款业务、票据贴现贷款业务。

（一）信用贷款业务

信用贷款是指贷款银行以借款人的信誉而发放的贷款。借款人需用贷款时应逐笔提出借款申请，经银行审批同意后逐笔签订借款合同，逐笔立据审查，逐笔发放，约定还款期限，到期一次或分次归还贷款。

1. 取得贷款的处理

企业与银行签订借款合同后，填制一式四联借款凭证提交银行信贷部门，银行信贷部门审查无误并签字盖章后，将借款合同副本及借款凭证转交银行会计部门。会计部门收到借款合同副本及借款人填制的一式四联借款凭证，经审查无误后，据以开立贷款明细账户。将第一联借款凭证盖章后作为回单交借款人，以第二、三联分别代转账借、贷方传票办理转账。将借款金额记入企业借款账户，同时转存入企业存款账户中。

银行的账务处理为：借：贷款——本金——××贷款户
　　　　　　　　　　贷：吸收存款——××企业存款户
企业的账务处理为：借：银行存款
　　　　　　　　　　贷：短期借款（或长期借款）

2. 贷款到期归还的处理

贷款到期企业应填转账支票归还贷款本金和利息。其账务处理一般是：

银行的账务处理为：
　　借：吸收存款——××企业存款户
　　　　贷：贷款——本金——××贷款户
　　　　　　应收利息——××贷款利息收入户
企业的账务处理为：借：短期借款（或长期借款）
　　　　　　　　　　　　财务费用
　　　　　　　　　　贷：银行存款

（二）担保贷款业务

担保贷款是指按《中华人民共和国担保法》规定的保证方式以第三人承诺在借款人不能偿还贷款时，按约定承担一般保证责任或者连带责任为前提而发放的贷款。

1. 担保贷款的规定

担保贷款按种类可以分为保证贷款、抵押贷款和质押贷款。

贷款发放额的确定：一般按照50%~70%的比例发放贷款。

贷款到期不能还款，转入逾期贷款；逾期一个月，仍不能还款，银行有权处理抵押品；处理方法有作价入账和出售两种。

2. 保证贷款的处理

保证贷款是指按《中华人民共和国担保法》规定的保证方式以第三人承诺在借款人不能偿还贷款时，按约定承担一般保证责任或者连带责任为前提而发放的贷款。保证是指保证人和债权人约定，当债务人不履行债务时，保证人按约定履行债务或者承担责任的行为。保证人与债权人应当以书面形式订立保证合同。保证担保的范围包括主债权及利息、违约金、损害赔偿金和实现债权的费用。保证合同另有约定的，按照约定。

借款人申请保证贷款时，须填写保证贷款申请书，按照《中华人民共和国担保法》和《贷款通则》有关规定签订保证合同或出具保函，加盖保证人公章及法人名章或出具授权书，注明担保事项，由银行信贷部门和有权审批人审查、审批并经法律公证后，由信贷部门密封交会计部门保管。会计部门按单位及财产类设置明细账户，纳入表外科目核算。保证贷款的发放和收回的账务处理与信用贷款相同，只是当借款人无力偿还贷款本息时，银行应根据保证合同或借款合同向保证人收取贷款本息和逾期罚息。

3. 抵押贷款的处理

（1）抵押财产的种类

可以用于抵押的财产，一般有：抵押人所有的房屋和其他地上定着物；抵押人所有的机器、交通运输工具和其他财产；抵押人依法有权处分的国有土地使用权、房屋和其他地上定着物；抵押人依法有权处分的国有机器、交通运输工具和其他财产；抵押人依法承包并经发包方同意抵押的荒山、荒沟、荒丘、荒滩等荒地的土地使用权；依法可以抵押的其他财产。

（2）抵押贷款发放的处理

银行发放抵押贷款的额度一般按抵押物作价现值的50%~70%的幅度掌握。抵押贷款发放，银行是通过"抵押贷款"科目处理，并在该科目下设置抵押户和质押户用以分别处理抵押贷款和质押贷款。

银行的账务处理为：借：抵押贷款——××抵押户
　　　　　　　　　　　贷：吸收存款——××户

企业的账务处理为：借：银行存款

贷：短期借款——抵押贷款

抵押贷款收回时的账务处理与发放时的账务处理相比，科目相同，方向相反。

银行会计部门发放和收回抵押贷款的处理手续除参照信用贷款发放和收回手续办理外，还应对抵押物进行表外登记。抵押贷款收回后，抵押物及有关单据随即退回借款人，并销记表外登记。

（3）抵押贷款逾期的处理

抵押贷款到期，如借款人不能按期偿还贷款，银行应于到期当日将其贷款转入逾期贷款科目。同时向借款人填发"处理抵押品通知单"，逾期一个月借款人仍无法归还贷款的，银行有权处理其抵押物，以补偿抵押贷款。银行处理抵押物的方法有拍卖、变卖和作价入账两种方法。

拍卖、变卖抵押物：拍卖、变卖抵押物的价款（扣除有关费用）超过贷款本金部分先归还利息，如有节余，超过贷款本息部分归还抵押人。如拍卖、变卖的价款（扣除有关费用）低于贷款本金的，不足部分银行将向借款人收取。

银行的账务处理为：借：有关科目

贷：贷款——××抵押逾期户

应收利息

吸收存款——××抵押人存款户

如拍卖、变卖后，其价款（扣除有关费用）低于贷款本金的部分，则按规定从银行的贷款呆账准备金中核销。

银行的账务处理为：借：有关科目

贷款损失准备

贷：贷款——××抵押逾期户

将抵押物作价入账。即按贷款本金和应收利息数将抵押物作价入账。

银行的账务处理为：借：固定资产
　　　　　　　　　贷：贷款——××抵押逾期户
　　　　　　　　　　　应收利息
　　　　　　　　　　　累计折旧

4. 质押贷款的处理

质押贷款是指按《中华人民共和国担保法》规定的质押方式以借款人或第三人的动产或权利为质押物而发放的贷款。银行对质押贷款的处理是在"抵押贷款"科目或其他贷款科目下设质押户来进行。具体处理方法参照抵押贷款。

（三）票据贴现贷款业务

票据贴现是指贷款银行用信贷资金购买未到期的商业汇票。票据贴现实质上是将银行信用与商业信用相结合的一种融资方式。目前，我国办理贴现的票据只有商业汇票，贴现期限是从贴现日起至到期日止。

贴现利息＝汇票金额×贴现期限×（月贴现率÷30）

实付贴现额＝汇票金额－贴现利息

1. 银行受理汇票贴现的处理

持票人持未到期的汇票向银行申请贴现时，应根据汇票填制五联贴现凭证，在第一联上按照规定签章后，连同汇票一并送交银行。银行信贷部门按有关规定审查符合条件的，在贴现凭证"银行审批"栏签注"同意"字样，并由有关人员签章后送交会计部门。

会计部门接到做成转让背书的汇票和贴现凭证，按有关规定审查无误后，即计算出以票据金额扣除自贴现日起至到期日前一天止（承兑人在异地的，可另加 3 天）的贴现利息和实付贴现金额。第一联贴现凭证作为贴现科目的借方传票，第二、三联分别作为活期存款和利息收入科目的贷方传票，第五联和汇票按到期日顺序排列，专夹保管。第四联贴现凭证加盖转讫章作为收账通知交给持票人。

银行的账务处理为：借：贴现资产——贴现——面值
　　　　　　　　　　贷：吸收存款（实付贴现额）
　　　　　　　　　　　　贴现资产——贴现——利息调整
贴现企业的账务处理为：借：银行存款
　　　　　　　　　　　　财务费用
　　　　　　　　　　贷：应收票据

2. 汇票到期的处理
（1）付款人有款的支付处理
贴现银行作为持票人，在汇票背面背书栏加盖结算专用章，并由授权的经办人员签名或盖章，注明"委托收款"字样；填制托收凭证，在"托收凭证名称"栏注明"商业承兑汇票"或"银行承兑汇票"及其汇票号码，连同汇票向付款人办理收款。对付款人在异地的，应在汇票到期前，匡算至付款人的邮程，提前办理委托收款。将第五联贴现凭证作为第二联托收凭证的附件存放，其余手续比照发出委托收款凭证的处理。

收到委托收款划回的款项时，银行的账务处理为：
　借：吸收存款——××企业存款户（实收金额）
　　　贴现资产——贴现——利息调整
　贷：贴现资产——贴现——面值（票面金额）
　　　利息收入
承兑企业的账务处理为：借：应付票据
　　　　　　　　　　贷：银行存款

（2）付款人无款支付的处理
贴现银行收到付款人开户银行退回的托收凭证、商业承兑汇票和拒绝付款理由书或付款人未付票款通知书后，在追索票款时，对申请贴现的持票人在本行开户的，可从其账户收取贴现款。填制二联特种转账借方传票，在"转账原因"栏注明"未收到××号汇票款，贴现款已从你账户收取"，一联作为借方传票，第五联贴现凭证作为贴现科目贷方传票。

银行的账务处理为：借：吸收存款——持票人户

贷：贴现资产——××汇票户

贴现申请人的账务处理为：借：应收票据

贷：银行存款

一联特种转账借方凭证加盖转讫章作为支款通知，随同汇票和拒绝付款理由书或付款人未付票款通知书交给贴现申请人。

如贴现申请人存款账户余额不足，不足部分应转入逾期贷款科目处理。

对贴现申请人未在本行开立账户的，对已贴现的汇票金额的收取，应按规定向贴现申请人或其他前手进行追索。

（四）贷款利息处理

1. 贷款利息的有关规定

（1）贷款按季结息的，每季末月的 20 日为结息日；按月结息的，每月的 20 日为结息日。具体结息方式由借贷双方协商确定。对贷款期内不能按期支付的利息按贷款合同利率，按季或按月计收复利，贷款逾期后改按罚息利率计收复利。最后一笔贷款清偿时利随本清。

（2）中长期贷款利息的计算。中长期贷款（期限在 1 年以上）利率实行 1 年一定。贷款（包括贷款合同生效日起 1 年内应分笔拨付的所有资金）根据贷款合同确定的期限，按贷款合同生效日相应档次的法定贷款利率计息。每满 1 年后（分笔拨付的以第一笔贷款的发放日为准），再按当时相应档次的法定贷款利率确定下一年度利率。中长期贷款按季结息，每季度末月 20 日为结息日。对贷款期内不能按期支付的利息按合同利率按季计收复利，贷款逾期后改按罚息利率计收复利。

（3）贴现按贴现日确定的贴现利率一次性收取利息。

(4) 贷款展期，期限累计计算，累计期限达到新的利率期限档次时，自展期之日起，按展期日挂牌的同档次利率计息；达不到新的期限档次时，按展期日的原档次利率计息。

(5) 逾期贷款或挤占挪用贷款，从逾期或挤占挪用之日起，按罚息利率计收罚息，直到清偿本息为止；遇罚息利率调整的，分段计息。对贷款逾期或挪用期间不能按期支付的利息按罚息利率，按季（贷款也可按月）计收复利，如同一笔贷款既逾期又挤占挪用，应择其重，不能并处。

(6) 借款人在借款合同到期日之前归还借款时，贷款人有权按原贷款合同向借款人收取利息。

2. 贷款利息的计算

贷款利息计算按结息期不同，分为定期结息与利随本清，在实际工作中一般采用定期结息。

(1) 定期结息的计息方法

定期结息是指银行在每月或每季度末月 20 日营业终了时，根据贷款科目余额表计算累计贷款积数，登记贷款计息积数表，按规定的利率计算利息。定期结息的计息天数按日历天数，有一天算一天，全年按 365 天计算。算头不算尾，即从贷出的那一天算起，至还款的前一天止。

(2) 利随本清的计息方法

利随本清是银行按借款合同约定的期限，于贷款归还时收取利息的一种计息方法。利随本清计息方法对于贷款天数的计算，采用对年按 360 天，对月按 30 天，不满月的零头天数按实际天数计算，算头不算尾。其利息计算公式为：

利息 = 本金 × 期限 × 利率

银行收回贷款时，应根据计算的利息，编制贷款利息通知单或特种转账借、贷方传票，从借款单位账户收取利息。

3. 逾期贷款的计息方法

贷款发生逾期，逾期部分应先按合同约定的利率和期限计收到期贷款利息，逾期金额应自转入逾期贷款账户之日起，将利率改按规定的比例计收罚息。

4. 贷款利息的账务处理

按权责发生制原则，银行按季计算贷款的应收利息，贷款利息当期实际收到时计入当期损益；贷款利息自结息日起，逾期90天（含90天）以内的应收未收利息，应继续计入当期损益；逾期90天（不含90天）以后，应专设表外科目核算，实际收回时再计入损益。

（1）正常及逾期90天以内贷款利息的核算

当期收到利息时：

银行的账务处理为：借：吸收存款——××企业户

　　　　　　　　　　贷：利息收入——××利息收入户

当期未收到利息时：

银行的账务处理为：借：应收利息

　　　　　　　　　　贷：利息收入

以后时间收到时：借：吸收存款——××企业户

　　　　　　　　贷：应收利息

借款企业的账务处理为：借：财务费用

　　　　　　　　　　　贷：银行存款

（2）逾期90天以上应收未收利息的核算

当贷款的本金或利息逾期90天时，应转入"非应计贷款"账户单独核算。当应计贷款转入非应计贷款时，应将已入账的利息收入和应收利息予以冲销。从应计贷款转入非应计贷款后，在收到该笔贷款的还款时，应首先冲减本金，本金收回后的部分则确认为当期的利息收入。

银行在逾期90天以上时，应收未收利息专设表外科目处理。

银行当期未收到时账务处理为：收入：应收利息

以后时间收到时：

银行的账务处理为：借：吸收存款——××户

　　　　　　　　　贷：应收利息——××利息收入户

借款企业的账务处理为：借：财务费用

　　　　　　　　　　贷：银行存款

第四部分 国内结算业务往来

一、国内结算业务往来概述

随着经济的发展,社会经济生活中的经济往来包括商品交易、劳务供应和资金调拨等,呈现出广泛性、多样性、复杂性等特点,但不论何种经济往来关系,都必须伴随货币的给付与清偿,这就是货币结算。结算按支付方式的不同分为现金结算、票据转让和转账结算三种。现金结算是收、付款双方直接以现金进行清算;票据转让是以票据的给付表明债权债务关系,而票据的转让又会形成多层次的债权债务关系或链环式的债权债务关系,这种债权债务关系的最终清算,还要通过银行转账结算;转账结算是通过银行将款项从付款单位账户划转到收款单位账户的货币收付行为,表现为各存款账户之间的资金转移,由于转账结算是在存款的基础上进行的,因而,结算的过程也就体现为存款货币的流通过程。

银行有效地组织支付结算,不仅有利于各企业单位间债权、债务的清偿,保障经济活动当事人的合法权益,而且可以简化结算手续,缩短结算过程,从而有利于加速资金周转,促进商品交易、劳务供应及资金调拨等经济活动的开展。

(一)结算业务的概念

结算业务是指商业银行通过提供结算工具(如本票、汇票、支票等),为购销双方或收付双方完成货币收付、划账行为的业务,即银行接受客户委托代收代付,从付款人存款账户中划出款项,转入收款人的存款账户,以此完成经济主体之间债权债务的清算或资金的调拨,也称为转账结算。商业银行结算业务有国内结算业务和国际结算业务之分,在此仅介绍国内结算业务。

按照我国有关规定,企业收入的一切款项,除国家另有规定的以外,都必须于当日解交银行。一切支出,除规定可以用现金支付的以外,应按银行有关结算制度规定,通过银行转账结算。采用银行转账结算方式有利于加强银行对企业货币资金的监督,促进购销双方认真履行合同,维护购销双方的正当权益,加速资金周转,同时也降低了资金收付成本。

银行的转账结算业务是在存款业务基础上发展起来的,利用的是银行吸收的活期存款账户中的资金。客户到银行存款,除为了资金安全外,更多地是为了利用银行在转账结算方面的便利。银行为了扩大业务量,与法人客户和个人客户建立广泛联系,吸收更多的存款,也积极努力为企业和个人提供优质、方便、迅速、安全的结算服务。在资金收付频繁和盛行非现金结算的趋势下,结算业务成为金融业最普遍、最受欢迎的业务之一。

(二)结算业务的作用

商业银行运用信用功能和遍布城乡的机构网络及其业务技术设施,成为结算活动和资金清算的当然中介。结算业务的主要作用包括:

1. 可以减少现金流通,减少货币发行,使结算更加方便、安全和快捷。

2. 有利于发挥银行的监督职能,加快企业资金周转,提高资金使用效率,促进商品流通和经济发展。

3. 有利于集中闲置资金,稳定和扩大信贷资金来源。在银行开立账户的企业通过银行办理结算,实际是资金在不同账户间转换,从而使银行经常保持一定的闲置资金,成为银行信贷资金的一个稳定来源。

（三）结算业务的基本原则

1. 恪守信用，履约付款。这一原则要求参与结算的各方当事人都必须诚实守信，按照预先规定的各自权利，严格履行各自的职责义务。具体来说，收款人应按照协议提供商品，付款人应按照约定的付款金额和付款日期进行付款。交易双方开户银行应快捷、准确、安全地进行资金清算。

2. 谁的钱进谁的账，由谁支配。这一原则要求银行在办理结算时，要保证存款人对存款的所有权和使用权，由其自主支配，并为其保密。除国家法律、行政法规等有关规定外，不准任何单位或个人查询、冻结、扣收其款项。是谁的钱就进谁的账，并按其委托将款项支付给有关收款人。

3. 银行不垫款。这一原则表明银行是结算的中介人，只负责把款项从付款人账户划转到收款人账户。当付款人存款不够支付时，银行即终止划款。不能将银行的资金与客户的资金混在一起。

（四）结算业务纪律

结算纪律是维护结算秩序、正确处理银行和客户结算关系，全面贯彻结算原则的重要保证。

1. 企业在办理结算时应遵守的结算纪律

第一，不准签发没有资金保证的票据套取银行信用。

第二，不准签发、取得和转让没有真实商品交易和债权债务的票据，套取银行和他人资金。

第三，不准无理拒绝付款，任意占用他人资金。

第四，不准违反规定开立和使用账户。

2. 银行在办理结算时应遵守的结算纪律

第一，不准以任何理由压票、任意退票、截留挪用客户和他行资金。

第二，不准无理拒绝支付应由银行支付的票据款项。

第三，不准无理拒付、不扣或少扣滞纳金。
第四，不准违章签发、承兑、贴现票据。
第五，不准签发空头银行汇票、银行本票和办理空头汇款。
第六，不准在支付结算制度之外规定附加条件，影响汇路畅通。
第七，不准违反规定为单位和个人开立账户。
第八，不准拒绝受理、代理他行正常结算业务。
第九，不准放弃对企事业单位和个人违反结算纪律的制裁。
第十，不准逃避向人民银行转汇大额汇划款项。

二、金融业为企业提供的结算方式和结算工具

（一）按结算业务实现形式分类

按支付结算实现的方式不同，结算分为现金结算和转账结算两类。现金结算是指结算双方直接用现金办理支付；转账结算是指结算双方不使用现金，而通过其开户的银行将款项从付款人账户转移到收款人账户的收付行为。根据我国现行的相关规定，现金结算仅在某些范围内使用。

（二）按所使用的支付结算工具分类

按所使用的结算工具不同，结算业务可分为银行汇票、银行本票、商业汇票、支票、委托收款、托收承付、汇兑、信用卡等方式。其中，支票、银行本票为同城结算方式。汇兑、托收承付和银行汇票为异地结算方式。商业汇票、委托收款、信用卡是同城和异地均可采用的结算方式。

三、企业如何选择结算工具

目前在我国银行所提供的结算工具达到八种以上，这样企业在委托银行办理转账结算业务时，就涉及结算工具的选择问题，结算工具选择如果得当将有利于加快资金周转，提高资金使用效

率，促进商品流通和经济发展。因此，企业在办理结算时对结算工具的选择就显得尤为重要。

(一) 根据结算工具的适用范围来选择

结算工具种类繁多，企业在使用前应详细了解。如票据就包括支票、汇票、本票，而支票大致上可分为现金支票、转账支票、记名支票、不记名支票、保付支票、划线支票和旅行支票等；汇票可分为商业汇票和银行汇票，而商业汇票按承兑人不同又可分为商业承兑汇票和银行承兑汇票；本票可分为记名本票、不记名本票等。不同的结算工具其适用范围有所不同，有的只适用于同城票据交换区域使用，如转账支票、本票；有的只适用于异地结算，如汇兑、托收承付、银行汇票；而有的则是同城、异地均可采用的结算工具，如商业汇票、委托收款、信用卡等。因此，企业应在充分了解各种结算工具的适用范围的基础上，根据每一笔结算业务涉及的收付款各方所跨区域，针对性地选择适用的结算工具。

(二) 根据结算工具的具体规定来选择

各种结算工具都有各自的办理要求和规定，如票据一般有：是否记名、是否可背书转让、有无金额起点限制、提示付款期限、签发要求、处罚和遗失处理等规定。而汇兑、委托收款、托收承付等结算方式也有诸如：填写要求、金额起点、收付款的依据等各项不同的规定。由于规定不同，结算工具的限制或约束条件也就不一样，企业在办理结算时，只能根据企业的现实情况，根据所需办理业务的特定要求（如根据购销合同由收款人发货后，再委托银行收款），选择可用的结算工具。

(三) 根据购销合同或购销双方的约定来选择

企业在购销业务中往往需要签订购销合同，或是进行口头约定。而在购销合同中一般会涉及付款方式，在这样的情况下，企业应按购销合同选用结算工具。如在赊销方式下购销双方在签订合同时，销货方为保证货款的收取，向购货方提出货款要以"银行承兑汇票"付款，并签入到合同条款中，那么，购货方在付款时就必须按合同约定选择商业汇票结算工具中的"银行承兑汇票"来办理结算。

四、企业如何选择结算银行

由于结算是在存款的基础上进行的，因而，企业对结算银行的选择应与存款账户的开立一并考虑。

（一）能受理多种结算业务

社会各单位之间的商品交易往来频繁，其交易活动除现金结算外，其余都需要通过银行进行转账结算。这些结算业务中，既有同城结算，又有异地之间的结算，既有收付款人在同一银行开户的结算业务，又有收付款人跨行、跨系统开户的结算业务。在办理结算业务中，有些银行分支机构只能受理部分结算业务，而对有的票据业务、一些跨省的结算业务、跨系统的结算业务不能直接受理，必须委托他行代理代转等，这在一定程度上会影响结算的及时性，从而影响到资金的周转速度。因此，企业在选择结算银行时，应选择可以受理多种结算业务的银行。

（二）结算服务优质

不同的银行对结算所提供的服务等有所不同。企业在结算银行的选择上，主要关注的是所提供的服务，是否热情周到，是否方便快捷，企业在选择开户银行时往往将是否能提供优质服务作为最重要的条件。对于那些结算服务健全和多样化的银行能大大提高竞争结算业务的能力，一家银行所提供的结算种类越完备，结算服务项目越齐全，结算服务质量越高，就越能吸引企业存款和办理结算。

（三）银行资信和结算便利

在提供结算种类和其他条件相同或相差不远的情况下，企业应选择实力雄厚、信誉好的银行，使企业的结算资金处于相对安全的地位。由于结算和加快资金周转密不可分，企业在选择结算银行时，应把能否在其需要时及时办理结算作为一个重要条件。

（四）银行及其员工形象

企业在选择结算银行时，与选择存款银行基本相同，也会更多地考虑有良好形象的银行，同时银行员工的形象也会对企业选择结算银行产生影响。高效、礼貌、热忱的员工体现着良好的管理素质和经营素质，也表明这样的银行能确保结算的快捷、安全、准确、及时，企业会更多的将结算交予这样的银行办理。

五、票据结算业务往来的处理程序和方法

现行的票据结算是以票据为主体，《中华人民共和国票据法》规定的是狭义票据，主要是指支票、银行本票、银行汇票和商业汇票。

（一）支票业务

支票是银行的存款单位签发给收款单位办理结算或委托开户银行将款项支付给收款人的票据。支票结算是一种同城结算，支票分为现金支票和转账支票，是同城结算中使用最多的票据。现金支票用于向银行提取现金，转账支票不能支取现金。现金支票的处理，在存款业务往来部分已讲述。

1. 转账支票结算适用范围和规定

各企业在同城票据交换地区的商品交易、劳务供应以及其他款项的结算，均可使用转账支票。使用转账支票结算的主要规定如下：

（1）支票一律记名，即要填明收款单位名称或个人姓名。在人民银行批准的地区，转账支票可以背书转让。

（2）支票金额无起点限制，提示付款期（即有效期）为10天，从签发的当日算起，到期日遇节假日顺延。

(3) 支票的金额、收款人名称，可以由出票人授权补记。未补记前不得背书转让和提示付款。

(4) 签发单位必须在银行存款账户余额内签发支票，签发支票应使用墨汁或碳素墨水填写，金额大小写、日期和收款人不得更改。其他内容如有更改，必须由签发单位加盖银行印鉴证明。

(5) 对签发空头支票或印章与预留印鉴不符的支票，银行除退票外，应按票面金额处以5%但不低于1000元的罚款。对屡次签发的，银行根据情节给予警告、通报批评，直至停止向收款单位签发支票。

(6) 转账支票收妥入账，即先从付款单位账户支付，才能转入收款单位账户。

(7) 已签发的支票遗失，在未支付前可向银行申请挂失，并按《中华人民共和国票据法》的有关规定办理止付手续。

2. 收付款双方在同一银行机构开户的处理

付款企业签发转账支票交给收款企业，由收款企业填制进账单，连同支票送交开户银行办理结算，或者由付款企业代收款企业填进账单，连同签发的转账支票送交银行办理结算。具体处理分两种情况：

(1) 银行受理持票人送交支票的处理

银行接到收付款企业都在本行开户的转账支票和两联进账单时，应认真审查：支票是否是统一印制的凭证，支票是否真实，提示付款期是否超过；支票填明的持票人是否在本行开户，持票人的名称是否为该持票人，与进账单上的名称是否一致；出票人账户是否有足够支付的款项；出票人的签章是否符合规定，与预留银行的签章是否相符，使用支付密码的，其密码是否正确；支票的大小写金额是否一致，与进账单的金额是否相符；支票必须记载的事项是否齐全，出票金额、出票日期、收款人名称是否更改，其他记载事项的更改是否由原记载人签章证明；背书转让的支票是否按规定的范围转让，其背书是否连续，签章是否符合规定，背书使用粘单的是否按规定在粘接处签章；持票人是否在支票的背面作委托收款背书。经审查无误，当即办理转账，以转账支票代转账借方传票从付款人账户支付款项，以进账单第二联代转账贷方传票将款项转入收款企业账户。

银行的账务处理为：借：吸收存款——出票人户
　　　　　　　　　　贷：吸收存款——持票人户

银行转账完毕，将进账单第一联作回单联（收账通知）给收款企业。收款企业以该收账通知为记账依据，进行账务处理。

出票企业的账务处理为：借：有关账户
　　　　　　　　　　　贷：银行存款

持票企业的账务处理为：借：银行存款
　　　　　　　　　　　贷：有关账户

（2）银行受理出票人送交支票的处理

银行接到出票人送来的支票和三联进账单时，应认真审查支票是否真实；提示付款期是否超过；出票人的签章是否符合规定等内容。审查无误后，支票作借方凭证，第二联进账单作贷方凭证，进行转账处理。

银行的账务处理为：借：吸收存款——出票人户
　　　　　　　　　　贷：吸收存款——收款人户

转账后，第一联进账单加盖转讫章作回单交给出票人，第三联进账单加盖转讫章作收账通知交给收款人。

出票企业的账务处理为：借：有关账户
　　　　　　　　　　　贷：银行存款

收款企业的账务处理为：借：银行存款
　　　　　　　　　　　贷：有关账户

3. 收付款企业不在同一银行机构开户的处理
(1) 持票人开户行受理持票人送交支票的处理

持票人开户行接到持票人送交的支票和两联进账单时，应按有关规定认真审查无误后，在第二联进账单上按票据交换场次加盖"收妥后入账"的戳记，在第一联进账单加盖转讫章交给持票人。根据支票汇总填制同城票据交换清单。

持票人开户银行的账务处理为：借：清算资金往来
　　　　　　　　　　　　　　　贷：其他应付款

支票按照票据交换规定的时间提出交换。待退票时间过后，即可为持票人进账。第二联进账单作为贷方凭证，作相应账务处理。

持票人开户银行的账务处理为：
　　借：其他应付款
　　　　贷：吸收存款——持票人户

如果出票人账户余额不足且当天下场退票的，根据出票人开户行的电话通知作电话记录，待出票人开户行下场退回支票后，将退回的支票退收款人。隔天退票的，据出票人开户行电话通知作电话记录，隔天接到退回的支票时，填制转账借方凭证一联。退票时需要进行账务处理。

持票人开户银行退票时的账务处理为：
　　借：其他应付款
　　　　贷：清算资金往来

出票人开户行收到经票据交换提入的支票后，按有关规定认真审查，出票人账户有足额款项支付时，以支票作借方凭证，作账务处理。

出票人开户银行付款时的账务处理为：
　　借：吸收存款——出票人户
　　　　贷：清算资金往来

出票企业的账务处理为：借：有关账户
　　　　　　　　　　　　贷：银行存款

如出票人账户余额不足时，当天下场票据交换的当即通知持票人开户行，并于下场交换时退回支票。如出票人账面余额不足且隔天退票的，在通知持票人开户行后，填制一联转账借方传票，进行相关账务处理。

银行的账务处理为：借：其他应收款
　　　　　　　　　　贷：清算资金往来

隔天退票时，支票退持票人开户行，并填制一联转账贷方凭证，作账务处理。

出票人开户银行的账务处理为：借：清算资金往来
　　　　　　　　　　　　　　　贷：其他应收款

（2）出票人开户行受理出票人送交支票的处理

出票人开户行接到出票人送交的支票和三联进账单时，按照持票人、出票人在同一银行开户时银行受理出票人送交支票的规定审查无误后，以支票作借方凭证进行相关账务处理。

银行的账务处理为：借：吸收存款——出票人户
　　　　　　　　　　贷：清算资金往来

第一联进账单加盖转讫章作回单交给出票人，第二联进账单加盖业务公章，连同第三联进账单按票据交换的规定及时提交持票人开户行。

出票人以开户行盖章后的进账单第一联作记账依据，编制记账凭证。

出票企业的账务处理为：借：有关账户
　　　　　　　　　　　　贷：银行存款

收款人开户行收到交换提入的第二、第三联进账单，经审查无误，第二联进账单加盖转讫章作贷方凭证，作相应的账务处理。

收款企业开户银行的账务处理为：
　　借：清算资金往来
　　　　贷：吸收存款——收款人户
账务处理完毕，将第三联进账单加盖转讫章作收账通知交给收款人。
收款企业取回收账通知，账务处理为：借：银行存款
　　　　　　　　　　　　　　　　　　贷：有关账户

(3) 支票挂失的处理

企业如果支票丢失，可到付款银行申请挂失。失票企业到付款行请求挂失时，应提交第一、第二联挂失止付通知书，银行按规定审查无误确未付款的，第一联挂失止付通知书加盖业务公章作为受理回单交给失票人，第二联附于登记支票挂失登记簿后专夹保管，并在出票人账户首页明显处用红字注明"××年×月×日第×号支票挂失止付"字样，凭此字据止付。

(二) 银行本票业务

银行本票是由银行签发的，承诺其在见票时无条件支付确定的金额给收款人或持票人的票据。企业在同一票据交换区域需要支付的各种款项，均可使用银行本票。银行本票分为不定额本票和定额本票两种。不定额银行本票由各商业银行签发和兑付。定额银行本票票面有1000元、5000元、1万元和5万元四种。

1. 银行本票的基本规定

(1) 银行本票的出票人，为经当地人民银行批准办理银行本票业务的银行机构。

(2) 银行本票可以用于转账，注明"现金"字样的银行本票，可以用于支取现金。申请人或收款人为单位的，只能签发转账银行本票。

(3) 银行本票的提示付款期限自出票日起最长不得超过2个月，持票人超过提示付款期提示付款的，代理付款人不予受理。

（4）银行本票仅限于在其票据交换区域内背书转让，但用于支取现金的银行本票不得背书转让。填明"现金"字样的银行本票遗失，可以由失票人通知付款人挂失止付；但用于转账的银行本票遗失，不得挂失止付。

2. 银行本票的业务处理

（1）银行本票的签发

企业需要使用银行本票时，应向银行填写一式三联"银行本票申请书"，第一联为存根，第二联为借方传票，第三联为贷方传票。

银行受理申请企业提交的第二、三联申请书时，应按有关规定认真审查无误后，以申请书第二联作借方传票，第三联作贷方传票。

签发银行的账务处理为：借：吸收存款——申请企业户
　　　　　　　　　　　　贷：清算资金往来

申请书第一联交由申请企业留存。

申请企业的账务处理为：借：有关账户
　　　　　　　　　　　贷：银行存款

出票行在办理转账后，签发银行本票一式两联，第一联为卡片，第二联为本票。经复核无误后，在银行本票第二联加盖银行本票专用章并由授权的经办人签名或盖章，并用总行统一制作的压数机在"人民币大写"栏右端压印小写金额后交给申请企业。第一联卡片上加盖经办人、复核员名章后留存，专夹保管。

（2）银行本票付款的处理

转账银行本票付款。代理付款行接到在本行开立账户的持票人交来的本票和三联进账单时，应认真审查，审查无误后，第二联进账单作贷方传票。进行相应的账务处理。

第一联进账单作受理回单，第三联进账单加盖转讫章作收账通知交给持票人，本票加盖转讫章，通过票据交换向出票行提出交换。

代理付款银行的账务处理为：借：存放中央银行款项
　　　　　　　　　　　　　　贷：吸收存款——持票人户

持票企业的账务处理为：借：银行存款
　　　　　　　　　　　　贷：有关账户

（3）银行本票结清的处理

出票行（签发本票行）收到票据交换提入本票时，抽出专夹保管的本票卡片或存根，经核对相符，确属本行出票，本票作借方传票，本票卡片作附件，作相应的账务处理。

出票银行账务处理为：借：清算资金往来
　　　　　　　　　　　贷：存放中央银行款项

如持票人、申请人在同一银行开户，则付款和结清同时进行。

（4）银行本票退款和超过提示付款期的处理

申请企业若因本票超过提示付款期限或其他原因要求出票行退款时，应填制一式三联进账单连同本票交给出票行。并按规定提交证明或身份证件。出票行经与原专夹保管的本票卡片或存根核对无误后，即在本票上注明"未用退回"字样，第二联进账单作贷方传票，本票作借方传票，本票卡片作附件，进行相应的账务处理。

出票银行的账务处理为：借：清算资金往来
　　　　　　　　　　　　贷：吸收存款——申请人户

第一联进账单作回单，第三联进账单加盖转讫章作收账通知交给申请人。

申请企业的账务处理为：借：银行存款
　　　　　　　　　　　　贷：有关账户

（三）银行汇票业务

银行汇票是出票银行签发的，由其在见票时按照实际结算金额无条件支付给收款人或者持票人的票据。也就是指汇款人将款项交存当地银行，由银行签发给汇款人持往异地办理转账结算或支取现金的票据。银行汇票的适用范围广泛。企业的各种款项结算，均可使用银行汇票；票随人到，使用灵活；兑现性较强，是目前使用最为广泛的票据结算工具。企业的采购员到外地进行采购时就常常携带银行汇票用于在外地的支付。

1. 使用银行汇票的相关规定

（1）银行汇票主要适用于单位和个人需要在异地支付的各种款项。

（2）银行汇票可以用于转账，也可以用于支取现金，但填明"现金"字样的银行汇票只能用于支取现金。

（3）银行汇票的出票和代理付款，全国范围限于中国人民银行和各商业银行参加"全国联行往来"的银行机构办理。

（4）签发转账银行汇票，不得填写代理付款人名称。

（5）转账银行汇票允许背书转让，填写"现金"字样的银行汇票不得背书转让，区域性银行汇票仅限于本区域内背书转让；银行汇票的背书转让以不超过出票金额的实际结算金额为准，未填写实际结算金额或实际结算金额超过出票金额的银行汇票不得背书转让。

（6）银行汇票的提示付款期限自出票日起1个月，银行汇票持票人向银行提示付款时，必须同时提交银行汇票和解讫通知，缺少任何一联，银行不予受理。

（7）申请人因银行汇票超过付款提示期限或其他原因要求退款时，应将银行汇票和解讫通知同时提交到出票银行；申请人缺少解讫通知要求退款的，出票银行应于银行汇票付款期满1个月后办理；持票人超过期限向代理付款银行提示付款但不获付款的，须在票据权利时效内向出票银行作出说明，并提供本人身份证件或单位证明，持银行汇票和解讫通知向出票银行请求付款。

（8）银行汇票遗失，失票人可以凭人民法院出具的其享有票据权利的证明，向出票银行请求付款或退款。填明"现金"字样的银行汇票遗失，可以由失票人通知付款人或代理付款人挂失止付。

2. 银行汇票业务的处理方法

（1）银行汇票出票时的处理

企业需要使用银行汇票时，应作为申请人向银行填写银行汇票申请书一式三联，第一联为存根，第二联为借方传票，第三联为贷方传票。出票行受理申请人提交的第二、三联申请书时，应认真审查其汇票内容是否填写齐全、清晰，其签章是否为预留银行的签章。经审查无误后，才能受理其签发银行汇票的申请。

转账签发银行汇票时，以第二联申请书作借方传票，第三联作贷方传票，作相应的账务处理。

出票银行的账务处理为：借：吸收存款——申请人户
　　　　　　　　　　　　贷：吸收存款——汇出汇款

出票银行在办好转账后，签发银行汇票。银行汇票一式四联，第一联为卡片，第二联为汇票，第三联为解讫通知，第四联为多余款收账通知。填写的汇票经审核无误后，在第二联上加盖汇票专用章并由授权的经办人签名或盖章，在实际结算金额栏的小写额上端用统一制作的压数机压印出票金额，然后连同第三联一并交给申请人。第一联上加盖经办人、复核员名章，在逐笔登记汇出汇款账并注明汇票号码后，连同第四联一并专夹保管。

申请企业接到出票行签发的银行汇票后，即可持汇票前往异地采购商品等，企业会计部门可暂不作账务处理。

（2）银行汇票付款时的处理

申请企业在异地采购商品后，可直接用银行汇票付款，将汇票交给收款人。收款人接到汇票后，按实际结算金额填转账进账单，以收款人（持票人）的身份，将汇票及转账进账单一并提交代理付款的银行。

如果收款人（持票人）在代理付款行开户：代理付款行接到在本行开立账户的收款人（持票人）直接交来的汇票、解讫通知和三联进账单，认真审查无误后，汇票作借方传票附件，进账单比照支票或者本票业务中进账单的处理进行，作相应账务处理，同时，解讫通知加盖转讫章随编制的联行借方报单寄给出票行。

银行的账务处理为：借：清算资金往来

贷：吸收存款——收款人（持票人）户

收款人（持票人）拿到银行签章的转账进账单回单联，表明款项已收妥在其存款账户中，收款人（持票人）作相应收账处理。

收款人（持票人）的账务处理为：借：银行存款

贷：有关账户

若收款人（持票人）未在代理付款行开户：代理付款行接到未在本行开立账户的持票人交来汇票和解讫通知及三联进账单时，审查无误并验明持票人身份证件后，以持票人姓名开立应解汇款账户，并在该分户账上填明汇票号码以备查考，第二联进账单作贷方传票，办理转账，作相关账务处理。

银行的账务处理为：借：清算资金往来

贷：应解汇款——××持票人户

转账后再按收款人（持票人）的不同要求进行账务处理。

如果要求转账支付。即持票人需要一次或分次办理转账支付的，应由其填制支款凭证，并向银行交验本人的身份证件，作相应的账务处理。

银行的账务处理为：借：应解汇款——××持票人户

贷：清算资金往来

如果要求支取现金，即原持票人需要支取现金的，代理付款行经审查汇票上填写的申请人和收款人确为个人并按规定填明"现金"字样，以及填写的代理付款行名称确为本行的，可办理现金支付；未填明"现金"字样，需要支取现金的，由代理付款行按照现金管理规定审查支付，另填制一联现金付出传票，作相应账务处理。

银行的账务处理为：借：应解汇款——××持票人户
　　　　　　　　　　　贷：库存现金

如果要求转汇，持票人需要转汇时，在办理解付后，可以委托兑付银行办理信、电汇结算或重新签发银行汇票，但转汇的银行汇票必须全额解付。

银行的账务处理为：借：应解汇款——××持票人户
　　　　　　　　　　　贷：清算资金往来

（3）银行汇票结清的处理

原出票行接到代理付款行寄来联行借方报单以及解讫通知时，抽出原专夹保管的汇票卡片，经核对确属本行出票，借方报单与实际结算金额相符，多余金额结计准确无误后，分别按以下两种情况进行处理：

第一种情况为汇票全额付款。银行汇票全额付款的，应在汇票卡片的实际结算金额栏填入全部金额，在多余款收账通知的多余金额栏填写"-0-"，汇票卡片作借方传票，解讫通知和多余款收账通知作借方传票的附件。作相应账务处理。

银行的账务处理为：借：吸收存款——汇出汇款
　　　　　　　　　　　贷：清算资金往来

第二种情况为汇票有多余款。银行汇票有多余款的，出票行应在汇票卡片和多余款收账通知上填写实际结算金额，汇票卡片作借方传票，解讫通知作多余款贷方传票，编制相应账务处理。同时在第四联多余款收账通知多余金额栏填写多余金额，加盖转讫章，通知申请人。

原出票银行的账务处理为：
借：吸收存款——汇出汇款（汇票金额）
  贷：清算资金往来（实际结算金额）
  贷：吸收存款——申请人户（多余金额）
申请企业的账务处理为：借：有关账户
              贷：银行存款

(4) 银行汇票退款的处理

申请企业由于汇票超过付款期限或其他原因要求退款时，应交回汇票和解讫通知，并提交证明或身份证件。出票行经与原专夹保管的汇票卡片核对无误后，即在汇票和解讫通知的实际结算金额大写栏填写"未用退回"字样，汇票卡片作借方凭证，汇票作附件，解讫通知作贷方凭证办理转账。作相应账务处理。

出票银行的账务处理为：借：吸收存款——汇出汇款
            贷：吸收存款——申请人户

然后，在多余款收账通知的多余金额栏填写原出票金额并加盖转讫章，作收账通知交申请企业。

(四) 商业汇票业务

商业汇票是出票人签发的，委托付款人在指定日期无条件支付确定的金额给收款人或者持票人的票据。

1. 商业汇票的基本规定

(1) 在银行开立存款账户的法人以及其他组织之间，必须具有真实的交易关系或债权债务关系，才能使用商业汇票。出票人不得签发无商品交易的汇票。商业汇票在同城和异地均可使用。

(2) 商业汇票按承兑人不同，分为商业承兑汇票和银行承兑汇票。商业承兑汇票是由付款人或收款人签发并由银行以外的付款人承兑的票据。银行承兑汇票是由在承兑银行开立账户的存款人签发并由银行承兑的票据。商业汇票的承兑人即为商业汇票的付款人。

（3）商业汇票一经承兑，承兑人负有到期无条件支付票款的责任。商业汇票的付款期限由交易双方商定，但最长不得超过6个月。商业汇票的提示付款期限自汇票到期日起10日内。如属分期收款，应一次签发若干张不同期限的汇票。

（4）商业汇票可以在出票时向付款人提示承兑后使用，也可以在出票后先使用再向付款人提示承兑。银行承兑汇票在承兑行承兑时，应按票面金额的万分之五向出票人收取承兑手续费。银行承兑汇票到期，出票人未能将票款交其银行时，承兑银行应无条件向持票人全额付款，并向出票人按未付金额每日处以万分之五的罚款。

（5）符合条件的商业汇票的持票人可持未到期的商业汇票连同贴现凭证向银行申请贴现。贴现银行可持未到期的商业汇票向其他银行转贴现，也可向中国人民银行申请再贴现。

（6）商业汇票允许背书转让。已承兑的商业汇票遗失，可以由失票人通知付款人挂失止付。

下面分别介绍商业承兑汇票和银行承兑汇票两种结算方式。

2. 商业承兑汇票的处理

（1）持票人开户银行受理汇票的处理

使用商业承兑汇票的交易双方按约定签发商业承兑汇票，该汇票一式三联。第一联承兑人留存，第二联由承兑人承兑后交收款人留存，第三联出票人留存。承兑时，承兑人应在第二联注明"承兑"字样，并加盖预留银行印鉴。在商品交易中承兑人将汇票交予收款人时，双方企业分别作账务处理。

承兑人的账务处理为：借：材料采购（或其他有关账户）
　　　　　　　　　　　贷：应付票据

持票人的账务处理为：借：应收票据
　　　　　　　　　　贷：主营业务收入（或其他有关账户）

商业承兑汇票只有在到期时才能委托银行收款，持票人在提示付款期内委托开户银行收款时，应填制委托收款凭证，并注明"商业承兑汇票"及其汇票号码，连同汇票第二联一并送交开户行。银行经审查无误，在委托收款凭证各联上加盖"商业承兑汇票"戳记，第一联作为回单交持票人，第二联专夹保管并登记"发出委收结算凭证登记簿"，第三、四、五联连同商业承兑汇票一并转寄付款人开户行，付款人如在同城，则通过票据交换处理。

（2）付款人开户行收到汇票的处理

付款人开户行接到持票人开户行寄来的委托收款凭证及汇票时，应按有关内容认真审查，付款人确在本行开户，且承兑人在汇票上的签章与预留银行签章相符时，将第五联委托收款凭证交付给付款人签收，第三、四联委托收款凭证在登记"收到委托收款凭证登记簿"后专夹保管。

付款人审查无误同意付款的，应当填制付款通知及时通知开户银行。

若付款人同意付款。付款人开户行接到付款人的付款通知或在付款人接到开户行的付款通知的次日起3日内仍未接到付款人的付款通知的，应按规定的划款日期办理划款，并视付款人存款账户资金足够与否，分别情况作出处理。

付款人的存款账户有足够款项支付的，以委托收款凭证第三联代借方传票，汇票作附件，作相应的账务处理。

银行的账务处理为：借：吸收存款——付款人户
　　　　　　　　　　　贷：清算资金往来

付款行将第四联委托收款凭证随编制的贷方报单寄给持票人开户行。

付款企业的账务处理为：借：应付票据

　　　　　　　　　贷：银行存款

付款人的存款账户不足支付的，银行在委托收款凭证备注栏注明"付款人无款支付"字样，并填制三联付款人未付款项通知书，将第一联通知书和第三联委托收款凭证留存备查，将第二、三联通知书连同第四联委托收款凭证及汇票寄持票人开户行转交持票人。

若付款人拒绝付款。银行在付款人签收日的次日起3天内，收到付款人填制的四联拒绝付款理由书，经核对无误后，在委托收款凭证和"收到委收凭证登记簿"备注栏注明"拒绝付款"字样，然后将第一联拒付理由书加盖业务公章作为回单退还付款人，将第二联拒付理由书连同第三联委托收款凭证一并留存备查，将第三、四联拒付理由书和第四、五联委托收款凭证连同汇票一并寄持票人开户行转交持票人。

（3）持票人开户行收到划回款项

持票人开户行接到付款人开户行寄来的联行报单和第四联委托收款凭证，应将留存的第二联委托收款凭证抽出同第四联委托收款凭证进行核对。经审查无误后，在第二联委托收款凭证上填注转账日期，作贷方传票办理转账。

银行的账务处理为：借：清算资金往来
　　　　　　　　　　贷：吸收存款——收款人户

转账后，将第四联委托收款凭证加盖转讫章作收账通知交给收款人，并销记"发出委托收款凭证登记簿"。

收款企业的账务处理为：借：银行存款
　　　　　　　　　　　贷：应收票据

如果持票人开户行接到付款人开户行寄来的未付票款通知书或拒绝付款理由书和汇票以及委托收款凭证，经核对无误，应在原专夹保管的第二联委托收款凭证和"发出委托收款凭证登记簿"上作相应记载后，将委托收款凭证、未付票款通知书或拒绝付款理由书及汇票退给持票人并由其签收。

3. 银行承兑汇票的处理

(1) 出票及承兑

银行承兑汇票的承兑人为银行,银行一经承兑,汇票到期就要负绝对付款责任,因此,承兑时必须经过银行的信贷部门同意。承兑申请人提交三联银行承兑汇票,第一联为卡片,第二联为汇票,第三联为存根。按汇票上记载的付款银行申请承兑时,承兑银行的信贷部门按规定审查同意后,与承兑申请人签署银行承兑协议,共三联,一联留存,另一联及副券和第一、二联汇票一并交会计部门。

承兑银行会计部门接到汇票和承兑协议,审核无误后,在第一、二联汇票上注明承兑协议编号,并在第二联汇票"承兑人签章"处加盖汇票专用章并由授权的经办人签名或盖章,第一联承兑协议交给承兑申请人,第二联汇票交给承兑申请人并由其转交收款人,同时,按照规定标准(现行按票面金额万分之五)向承兑申请人收取承兑手续费。

承兑银行收取承兑手续费的账务处理为:

借:吸收存款——承兑申请人户

贷:手续费及佣金收入

承兑申请人的账务处理为:借:财务费用(或有关账户)

贷:银行存款

承兑银行根据第一联汇票卡片填制银行承兑汇票表外科目收入传票,登记表外科目登记簿。

同时将第一联汇票卡片和承兑协议副本专夹保管,并经常检查银行承兑汇票的到期情况,以备付款。

以银行承兑汇票进行商品交易结算的双方企业,在以银行承兑汇票付款后,分别作账务处理。

承兑申请人的账务处理为:借:材料采购(或有关账户)

　　　　　　　　　　　贷：应付票据

持票人的账务处理为：借：应收票据

　　　　　　　　　　　贷：主营业务收入（或有关账户）

（2）持票人开户行受理汇票

持票人在提示付款期内凭汇票委托开户行向承兑银行收取票款时，应填制委托收款凭证，并注明"银行承兑汇票"及其汇票号码，连同汇票一并送交开户行。

银行按规定审查后，在委托收款凭证各联上加盖"银行承兑汇票"戳记，其余处理与受理商业承兑汇票相同。

（3）汇票到期承兑银行收取票款

承兑申请人足额支付票款的处理。承兑银行对到期的银行承兑汇票，应于到期日（遇法定节假日顺延）向承兑申请人收取票款。填制二联特种转账借方传票，一联特种转账贷方传票。一联特种转账借方传票加盖转讫章后作支款通知交承兑申请人。

承兑银行的账务处理为：借：清算资金往来

　　　　　　　　　　　贷：吸收存款——承兑申请人户

承兑申请人的账务处理为：借：应付票据

　　　　　　　　　　　贷：银行存款

承兑申请人账户无款或不足支付。承兑申请人账户无款或不足支付时，应将不足支付的金额转入该承兑申请人的逾期贷款（或承兑汇票垫款）户，并按每日万分之五计收罚息。一联特种转账借方传票作为支款通知，加盖业务公章交给承兑申请人。

银行的账务处理为：借：贷款——承兑申请人逾期贷款户

　　　　　　　　　　贷：吸收存款——承兑申请人户

承兑申请人的账务处理为：借：应付票据

　　　　　　　　　　　贷：短期贷款——逾期贷款

（4）承兑银行支付汇票款项

承兑银行接到持票人开户银行寄来的委托收款凭证及汇票时，抽出专夹保管的汇票卡片和承兑协议副本进行核对与审查。经审核无误后，于汇票到期日或到期日之后的见票当日，将款项划出。同城时，可通过票据交换进行处理。

银行的账务处理为：借：吸收存款——承兑申请人户
　　　　　　　　　　　贷：清算资金往来

另填制银行承兑汇票表外科目付出传票，销记表外科目登记簿。

（5）持票人开户行收到汇票款项

持票人开户行接到承兑银行寄来的联行报单和委托收款凭证，比照商业承兑汇票款项划回的处理。

银行的账务处理为：借：清算资金往来
　　　　　　　　　　　贷：吸收存款——持票人户

持票人接到开户银行的收款通知时，作收款处理。

持票人的账务处理为：借：银行存款
　　　　　　　　　　　贷：应收票据

六、结算方式的处理程序和方法

结算方式是指由单位填写结算凭证，直接提交银行委托收款或付款的结算手段。主要包括汇兑、托收承付和委托收款。

单位委托银行办理结算，必须按规定准确填写有关结算凭证，并按规定正确签章后提交银行。结算凭证上填写的事项必须符合《支付结算办法》的规定，否则，除另有规定外，所记载事项不具有支付结算的效力。结算凭证上必须记载汇款人、付款人和收款人账号，账号与户名必须一致。结算凭证必须具有符合规定的签章，企业在结算凭证上的签章应为该单位的财务专用章加其法定代表人或者其授权代理人的签名或盖章。

银行办理结算向外发出的结算凭证,必须在当日至迟次日寄发,收到的结算凭证要及时通知付款人付款,或及时将款项支付给收款人。

(一)汇兑业务

汇兑业务即汇款业务,是汇款人(付款人)委托银行将款项汇给异地收款人的一种结算方式。单位和个人的各种款项异地结算,均可使用汇兑结算方式。汇兑结算手续简便,划款迅速,不受金额起点的限制,适用范围广泛,便于付款人向异地收款人主动付款,无论是否在银行开立账户,企业和个人的商品交易、劳务供应、资金调拨、差旅费支付等各种款项的结算,均可使用汇兑方式。汇兑是发展最早的结算方式。汇兑按凭证传递方式的不同,分为信汇、电汇两种。

1. 汇兑的基本规定

(1)汇兑分为信汇、电汇两种。由汇款人选择使用。

(2)汇款人和收款人均为个人,需要在汇入银行支取现金的,应在汇兑凭证的"汇款金额"大写栏,先填写"现金"字样,后填写汇款金额。

(3)收款人为个人且需要到汇入行领取汇款,汇款人应在汇兑凭证上注明"留行待取"字样。

(4)信汇凭收款人签章支取的,应在信汇凭证上预留其签章。

(5)汇款人确定不得转汇的,应在汇兑凭证备注栏注明"不得转汇"字样。

(6)汇款人对汇出银行尚未汇出的款项可以申请撤销,对汇出银行已经汇出的款项,可以申请退汇;汇入银行对收款人拒收的汇款或经过两个月无法交付的汇款,应主动办理退汇。

2. 信汇

信汇是汇款人委托银行以邮寄凭证方式通知汇入行付款的一

种结算方式。是银行将信汇凭证通过邮局寄给汇入银行，费用较低，但在途时间长。

(1) 汇出行

汇款企业委托银行办理信汇时，应向银行填制一式四联信汇凭证，第一联为回单，第二联为借方传票，第三联为贷方传票，第四联为收账通知或代取款收据。

银行作为汇出行受理信汇凭证时，应认真审查无误后，将第一联信汇凭证盖转讫章退给汇款人。转账交付的，第二联信汇凭证作借方传票。

银行的账务处理为：借：吸收存款——汇款人户
　　　　　　　　　　　贷：清算资金往来

转账后，第三联信汇凭证盖联行专用章，与第四联随同联行邮划贷方报单寄汇入行。

汇款企业凭银行签章后的第一联信汇回单，作相关账务处理。

汇款企业账务处理为：借：有关账户
　　　　　　　　　　贷：银行存款

(2) 汇入行

汇入行接到汇出行或转汇行寄来的邮划贷方报单以及第三、四联信汇凭证，应审查第三联信汇凭证上的联行专用章与联行报单印章是否一致（转汇的由转汇行代审查），无误后按不同要求作如下处理：

直接收账：是指收款人在汇入行开有存款账户的情况。汇入行接到信汇凭证，直接将款项收妥在收款人的存款账户中。第三联信汇凭证作贷方传票，第四联信汇凭证加盖转讫章后，作收账通知交给收款人。

银行的账务处理为：借：清算资金往来
　　　　　　　　　　贷：吸收存款——收款人户

收款企业的账务处理为：借：银行存款
　　　　　　　　　　　　　贷：有关账户

不直接收账：是指收款人未在汇入行开立存款账户的情况。汇入行接到信汇凭证，汇款无法直接解付收款人，按照不直接收账处理，以第三联信汇凭证作贷方传票，将汇款先转入"应解汇款"账户。

银行的账务处理为：借：清算资金往来
　　　　　　　　　　　贷：应解汇款——××人户

登记应解汇款登记簿，在信汇凭证上编列应解汇款顺序号，第四联信汇凭证留存保管，另以便条通知收款人来行办理取款手续。

收款人持便条来行办理取款时，"留行待取"的向收款人问明情况，抽出第四联信汇凭证，并认真审查收款人的身份证件，审查信汇凭证上是否注明其证件名称、号码及发证机关以及收款人是否在"收款人签章"处签章。如系信汇留交凭签章付款的，收款人签章必须同预留签章相符。需要支取现金的，信汇凭证上有银行按规定填明的"现金"字样，应一次办理现金支付手续；未注明"现金"字样，需要支取现金的，由汇入银行按照现金管理规定审查支付。

银行的账务处理为：借：应解汇款——××人户
　　　　　　　　　　　贷：库存现金

需要分次支付的，应凭第四联信汇凭证注销"应解汇款登记簿"中的该笔汇款并如数转入应解汇款分户账内。根据收款人要求办理分次支付手续时，不论转账支付或支付现金，都应当由原收款人填制支款凭证，从"应解汇款"账户支付。待最后结清时，将第四联信汇凭证作付出传票附件。

需要转汇的，应重新填制汇款凭证办理汇款手续，其收款人与汇款用途必须同原汇款的收款人和用途，并在第三联信汇凭证上加盖"转汇"戳记。第三联信汇凭证备注栏注明"不得转汇"的，不予办理转汇。

3. 电汇

电汇是汇款人委托银行以拍发电报或通过计算机网络电子汇款的方式通知汇入行付款的一种结算方式。是银行通过电报或其他电信工具向汇入银行发出付款指令，在途时间较短，但费用较高。

（1）汇出行

汇款人委托银行办理电汇时，应按照信汇凭证的填写要求向银行填制一式三联电汇凭证，第一联为回单，第二联为借方传票，第三联为发电依据。

汇出行受理电汇凭证审查无误后，第一联电汇凭证加盖转讫章退给汇款人，第二联作借方传票，其账务处理与信汇相同。第三联作发电依据。

电汇凭证上填明"现金"字样的，应在电报的金额前加拍"现金"字样。

（2）汇入行

汇入行接到汇出行或转汇行发来的电报，经审核无误后，应编制三联电划贷方补充报单，第一联代联行来账卡片，第二联代贷方传票，第三联加盖转讫章作收账通知，交给收款人作借方传票附件，其余各项处理均与信汇相同。

4. 退汇

退汇是指汇出行已经汇出的款项，汇入行未经解付而退给原汇款人的做法。

（1）汇款人要求退汇

汇款人汇款后要求退汇时，应将有关证件连同原信汇或电汇回单交汇出银行提出退汇申请，银行证实汇款却未支付，方可办理。

原汇出行：汇款人要求退汇时，对收款人在汇入行开立账户且汇款已经入账的，由汇款人与收款人自行联系退汇；对收款人未在汇入行开立账户的，应由汇款人备函或将本人身份证件连同信汇、电汇回单交汇出行办理退汇。汇出行接到退汇函件或身份证件以及回单，应填制四联"退汇通知书"，在第一联上批注"×月×日申请退汇，待款项退回后再办理退款手续"字样，交给汇款人，第二、三联寄交汇入行。第四联与函件和回单一起保管。如汇款人要求用电报通知退款时，只需填制两联退汇通知书，具体比照信汇退汇通知书第一、四联的手续处理，并凭退汇通知书拍发电报通知汇入行。

原汇入行：汇入行接到汇出行寄来的第二、三联退汇通知书或通知退汇的电报，如该笔汇款已转入"应解汇款"账户，尚未解付的，应向收款人联系索回便条，以第二联退汇通知书代借方传票，第四联汇款凭证作附件，作相应的账务处理。

银行的账务处理为：借：应解汇款——××收款人户
　　　　　　　　　　　　贷：清算资金往来

第三联退汇通知书随同邮划贷方报单寄原汇出行。如电报通知退汇的，应另填一联特种转账借方传票，并填制电划贷方报单，凭以拍发电报。

如该笔汇款业已解付，应在第二、三联退汇通知书或电报上注明解付情况及日期后，将第二联退汇通知书或电报留存，第三联退汇通知书拍发电报，通知汇出行。

原汇出行接到汇入行寄来的邮划贷方报单及第二联退汇通知书或退汇电报时，应以第三联退汇通知书或第二联电划贷方补充报单代贷方传票（第三联电划补充报单作贷方传票附件），由银行会计人员作相应账务处理。

银行的账务处理为：借：清算资金往来
　　　　　　　　　　　　贷：吸收存款

如汇款人未在银行开立账户，先将退汇款转入"其他应付款"科目，待汇款人取款时再另填制一联现金付出传票，作相应账务处理。

在原第二联汇款凭证上注明"此款已于×月×日退汇"字样，以备查考，以留有的第四联退汇通知书注明"退汇款汇回已代进账"字样，加盖转讫章后作为收账通知交给原汇款人；如接到汇入行寄回的第三联退汇通知书或发来的电报注明汇款业已解付的，应在留存的第四联退汇通知书上批注解付情况，通知原汇款人。

原汇款人账务处理：借：银行存款
　　　　　　　　　　贷：有关账户

（2）汇入行主动退汇

汇款超过两个月，收款人尚未来行办理取款手续或在规定期限内汇入行已寄出通知，但因收款人住址迁移或其他原因，以致该笔汇款无人收领时，汇入行可以主动办理退汇。

原汇入行：退汇时应填制一联特种转账借方传票和两联特种转账贷方传票，并在传票上注明"退汇"字样，第四联汇款凭证作借方传票附件。相应的账务处理比照汇款人要求退汇核算中汇入行的处理。

原汇出行：原汇出行接到原汇入行寄来的邮划贷方报单及所附二联特种转账贷方传票，以加盖原汇入行联行专用章的两联特种转账贷方传票代贷方传票，其余手续按信汇汇入行的手续处理。如汇款人未在银行开立账户，其处理比照汇款人要求退汇核算中汇出行的处理。

（二）委托收款业务

委托收款是收款人向银行提供收款依据，委托银行向付款人收取款项的结算方式，收款单位和个人凭已承兑的商业汇票、债券、存单等付款人债务证明办理款项的结算，均可以使用委托收款结算方式。委托收款适用于同城和异地的款项收取，也适用于电费、电话费等付款人众多、分散的公用事业费的收取。这种结算方式便于企业主动向付款企业发货或提供劳务，也便于付款企业主动收货或接受劳务，是建立在商业信用基础上的一种结算方式，受理委托收款的银行并不承担一定收到款项的责任。

1. 委托收款的基本规定

(1) 委托收款在同城、异地均可以使用，按其款项的划回方式，分邮划和电划两种，由收款人选用。

(2) 收款人办理委托收款应向银行提交委托收款凭证和有关的债务证明。

(3) 付款人应于接到通知的当日通知银行付款，付款人在接到付款通知日起3日内未通知银行付款的，银行视同付款人同意付款。

(4) 银行在办理划款时，付款人存款账户不足支付的，应通过受托银行（收款人开户银行）向收款人发出未付款项通知书。

(5) 在同城范围内，收款人收取公用事业费可以使用同城特约委托收款，但必须具有收付双方签订的经济合同，由付款人向开户银行授权，并经开户银行同意，报经人民银行批准。

2. 委托收款业务（异地委托收款业务）

(1) 收款人开户行受理委托收款

收款人办理委托收款时，应填制一式五联委托收款凭证，第一联为汇单，第二联为贷方传票，第三联为借方传票，第四联为收账通知，第五联为付款通知。第二联委托收款凭证签章后连同付款人的有关债务证明送交开户行。

开户银行对收款人提交的凭证进行审核无误后，以第一联凭证作回单，加盖业务公章退回收款人，第二联凭证专夹保管并据以登记"发出委托收款结算凭证登记簿"，在第三联凭证上加盖带有联行行号的结算专用章连同第四、第五联及有关债务证明一并寄付款人开户行。收款人开户行如不办理全国或省辖联行往来业务的，向付款人开户行直接发出委托收款凭证，均应在委托收款凭证的"备注"栏加盖"款项收妥划收××（行号）转我行"戳记，以便付款人开户行向指定的转划行填发报单。

（2）付款人开户行

付款人开户行接到收款人开户行寄来的第三、四、五联委托收款凭证及有关债务证明时，应审查是否属于本行的凭证。审查无误后，在凭证上填注收到日期，根据第三、四联凭证逐笔登记收到委托收款凭证登记簿后，专夹保管，并分别按不同情况处理。

①付款人承认付款

付款人为银行的处理：银行接到委托收款凭证和有关债务证明，按规定付款时，第三联委托收款凭证作借方传票，有关债务证明作借方传票附件，作相应账务处理。

银行的账务处理为：借：吸收存款

贷：清算资金往来

付款人为单位的处理：付款人应当按照规定及时通知开户银行付款。银行接到付款人的付款通知书或未接到付款人付款通知书，在付款人签收日的次日起第4天上午开始营业时，只要付款人账户足够支付全部款项，即付款，同时以第三联委托收款凭证作借方传票；如留存债务证明的，其债务证明和付款通知书作借方传票附件，作相应的账务处理。

银行的账务处理为：借：吸收存款

贷：清算资金往来

付款人的账务处理为：借：有关账户

贷：银行存款

转账后，银行在"收到委托收款凭证登记簿"上填明转账日期。将第四联委托收款凭证填注支付日期后，随联行邮划贷方报单寄交收款人开户行，属于电报划款的，根据第四联委托收款凭证填制电划贷方报单，向收款人拍发电报。

如果付款期满时，付款人账户上没有资金支付款项或没有足够的资金支付全部款项，即按无款支付处理，付款人开户银行应在委托收款凭证和收到委托收款凭证登记簿上注明退回日期和"无款支付"字样，并填制三联付款人未付款项通知书，将第一联通知书和第三联委托收款凭证留存备查，将第二、三联通知书连同第四联委托收款凭证邮寄收款人开户行。留存债务证明的，其债务证明一并邮寄收款人开户行。

②付款人拒绝付款

付款人为单位的处理：银行在付款人签收日的次日起3天内，收到付款人填制的四联拒绝付款理由书，以及付款人持有的债务证明和第五联委托收款凭证，经核对无误后，在委托收款凭证和"收到委托收款凭证登记簿"备注栏注明"拒绝付款"字样，然后将第一联拒付理由书加盖业务公章连同第二联委托收款凭证一并留存备查，将第三、四联拒付理由书连同付款人提交或本行留存的债务证明和第四、五联委托收款凭证一并寄收款人开户行。

付款人为银行的，需要提出拒绝付款的，比照单位拒绝付款处理。

(3) 收款人开户行收到划回款项

收款人开户行接到付款人开户行寄来的联行报单和第四联委托收款凭证或电报，应将留存的第二联凭证抽出同第四联凭证进行核对。经审查无误后，在该联凭证上填注转账日期后作贷方传票，作相应账务处理。

银行的账务处理为：借：清算资金往来

贷：吸收存款——收款人户

转账后，将第四联委托收款凭证加盖转讫章作收账通知交给收款人，并销记"发出委托收款结算凭证登记簿"。

收款人的账务处理为：借：银行存款

贷：有关账户

如果收款人开户行接到付款人开户行寄来的未付款项通知书或付款人的拒绝付款证明和债务证明以及委托收款凭证，经核对无误，应在原专夹保管的第二联委托收款凭证和"发出委托收款凭证登记簿"上作相应记载后，将委托收款凭证、未付款项通知书或拒绝付款证明及债务证明退给收款人并由其签收。

（三）异地托收承付业务

异地托收承付是根据购销合同由收款人发货后，收款人委托银行向异地付款人收取款项，由付款人向银行承认付款的结算方式。托收承付结算每笔托收金额起点一般为10000元。

异地托收承付结算方式可以促使销货单位按照合同规定发货，购货单位按照合同规定付款，从而维护购货和销货双方的正当权益。托收承付结算目前是购销单位双方普遍采用的一种结算方式。

1. 托收承付的付款方式

托收承付按托收款项划回的方式不同，分为邮寄和电报两种。其结算处理过程分为托收和承付划款两个阶段，其中，承付货款分为验单付款和验货付款两种方式，在双方签订合同时应约定使用哪一种方式。

（1）验单付款

验单付款时，购货企业根据经济合同及银行转来的托收结算凭证、发票账单、托运单及代垫运杂费等单据并审核无误后，即可承认付款。为了便于购货单位审核凭证和筹措资金，结算办法规定承付期为3天，从付款人开户银行发出承付通知的次日算起（承付期内遇法定节假日顺延）。购货单位在承付期内未向银行表示拒付货款,银行即视作同意付款,并在承付期满的次日(法定节假日顺延)上午银行开始营业时,将款项主动从付款人的账户付出,按照销货企业指定的划款方式划给销货企业。

(2)验货付款

验货付款是购货单位待货物运达企业,对其进行检验与合同完全相符后才承认付款。为了满足购货企业组织验货的需要,结算办法规定承付期为 10 天,从运输部门向购货企业发出提货通知的次日算起。承付期内购货单位未表示拒绝付款的,银行视作同意付款,于 10 天期满的次日上午银行开始营业时将款项划给收款人。

2. 托收承付的条件

托收承付结算方式必须同时具备 3 个条件:第一,收付双方签订符合经济合同法的经济合同,并在合同中订明使用托收承付结算方式;第二,办理托收承付结算的款项必须是商品交易及因商品交易而产生的劳务供应的款项;第三,收款人办理托收承付必须具有商品销售发票、商品确已发运的有效证件(包括铁路、航运、公路等运输部门签发的运单副本和邮局包裹回执及其他有效证件)。

3. 托收承付的处理程序

(1)收款人(销货企业)按照购销合同发货后,填写托收承付凭证盖章后连同发运证件和有关证明及交易单证送交开户银行办理托收手续。托收凭证上写明付款单位名称、收款金额、合同号码等内容;销货企业开户银行接受委托并进行审查后,将托收结算凭证回单联退给企业,作为企业进行账务处理的依据,并将其他结算凭证寄往付款人(购货单位)开户银行,由购货单位开户银行通知购货单位承认付款。

(2)购货单位收到开户银行转来的托收承付结算凭证和所附单据后,应立即审核是否符合订货合同的规定。若在承付期内未向开户银行表示拒绝付款，银行即视同承付，并将款项从付款单位划给收款单位。

（3）付款人对托收的款项若有异议，拒绝时应填制拒付理由书，并提供相应的证明，送交开户银行审查。对于下列情况，付款人可以在承付期限内向银行提出全部或部分拒绝付款：第一，没有签订购销合同或购销合同未注明采用托收承付结算方式的款项；第二，双方事先未达成协议，收款人提前交货或因逾期交货付款人不再需要该货物的款项；第三，未按合同规定的到货地址发货的款项；第四，代销、寄销、赊销商品的款项；第五，验单付款，发现所列的货物的品种、规格、数量、价格与合同规定不符；第六，验货付款，经查验货物与合同规定或发货清单不符的款项；第七，货款已经支付或计算错误的款项。不属于上述情况，购货单位不得提出拒付，也不得以部分拒付为由提出全部拒付。

4. 托收承付与委托收款的异同

托收承付与委托收款都是收款人委托银行向付款人收取款项的一种结算方式。两者的处理程序、使用凭证的联次与归宿、登记簿设置、资金划转、会计处理等方面基本相同。所不同的主要有以下几个方面：使用范围不同、收款依据不同、承付方式不同、金额起点不同、银行承担的付款责任不同、拒付方式不同、凭证和登记簿名称不同。

七、信用卡结算的处理程序和方法

信用卡是指由银行或专营机构签发，可在约定银行或部门存取现金、购买商品及支付劳务报酬的一种信用凭证。持卡人可在同城和异地凭卡支取现金、转账结算和获得消费信用等。银行卡按使用对象分为单位卡和个人卡，按信誉等级分为金卡和普通卡。

第四部分 国内结算业务往来

（一）信用卡结算的基本规定

凡在中国境内金融机构开立基本存款账户的单位可申领单位卡，单位卡可申领若干张，持卡人资格由申领单位法定代表人或其委托的代理人书面指定和注销，持卡人不得出租或转借银行卡。单位卡账户的资金一律从基本存款账户转账存入，不得交存现金，不得将销售收入的款项存入其账户。单位卡不得用于10万元以上的商品交易、劳务供应款项的结算，不得支取现金。信用卡在规定的限额和期限内允许善意透支，金卡透支额最高不得超过10000元，普通卡最高不得超过5000元；透支期限最长为60天；透支利息，自签单日或银行记账日起15日内按日息万分之五计算，超过15日按日息万分之十计算，超过30日或透支金额超过规定限额的，按日息万分之十五计算；透支计息不分段，按最后期限或最高透支额的最高利率档次计息。超过规定限额或规定期限，并且经发卡银行催收无效的透支称为恶意透支，持卡人使用信用卡不得恶意透支。

（二）信用卡的业务处理

1. 信用卡发卡时的处理

企业申领信用卡，应按规定填写申请表，连同有关资料一并送交发卡银行。符合条件并按银行要求交存一定金额的备用金后，银行为申请人开立信用卡存款账户，并发给信用卡。申请单位在发卡银行开立存款账户的，直接从其存款账户转存备用金和收取手续费，作相应账务处理。

银行的账务处理为：

借：吸收存款——申请人户

    贷：吸收存款——申请人户（银行卡备用金）

        手续费及佣金收入

申请单位在非发卡行开立账户的，备用金和手续费的收取应当通过票据交换划付给开户银行，编制相应的会计分录。

银行的账务处理为：
借：存放中央银行款项
　　贷：吸收存款——申请人户（银行卡备用金）
　　　　手续费及佣金收入
企业的账务处理为：借：其他货币资金——信用卡户
　　　　　　　　　贷：银行存款

2. 信用卡结算的处理

持卡人到特约单位购物以信用卡付款时，特约单位审查信用卡无误后，在签购单上压卡，填写实际结算金额、用途、持卡人身份证件号码、特约单位名称和编号。如超过支付限额的，应向发卡银行索取并填写授权号码，交持卡人签名确认，同时核对其签名与卡片背面签名是否一致。经审查无误后，对同意按经办人填写的金额和用途付款的，由持卡人在签购单上签名确认并将信用卡、身份证件和第一联签购单交还给持卡人。特约单位在每日营业终了，应将当日受理的信用卡签购单汇总，计算手续费和净计金额，并填写汇计单和进账单，连同签购单一并送交收单银行办理进账。

（1）收单银行的处理

收单银行接到特约单位送交的各种单据，经审查无误后，为特约单位办理进账。分别按不同情况处理：

特约单位与持卡人在同一城市不同银行机构开户，通过同城行处往来，票据交换进行处理。

银行的账务处理为：借：清算资金往来
　　　　　　　　　贷：吸收存款——特约单位户
　　　　　　　　　　　手续费及佣金收入

特约单位与持卡人不在同一城市的同系统银行开户时，通过人民银行办理款项划转。

银行的账务处理为：借：存放中央银行款项

　　　　　贷：吸收存款——特约单位户
　　　　　　　手续费及佣金收入
　　特约单位的账务处理为：借：银行存款
　　　　　　　　　　　　贷：有关账户
　　（2）持卡人开户行的处理
　　持卡人开户行收到同城交换或联行寄来报单等经审查无误后，从信用卡账户付款，作付出款项的账务处理。
　　银行的账务处理为：
　　　　借：吸收存款——申请人户（银行卡备用金）
　　　　　贷：存放中央银行款项
　　　　　　（或）清算资金往来
　　持卡人的账务处理为：借：有关账户
　　　　　　　　　　　　贷：其他货币资金——信用卡户
　　（3）信用卡销卡的处理
　　持卡人若不需要继续使用的信用卡，应持卡主动到发卡银行办理销户。单位卡销户时，信用卡账户的余额必须转入其基本存款账户，不得提取现金。发卡银行在确认持卡人具备销户条件后，为持卡人办理销户手续，收回信用卡。
　　银行的账务处理为：
　　　　借：吸收存款——申请人银行卡备用金户
　　　　　贷：吸收存款——申请企业存款户
　　持卡人（企业）的账务处理为：
　　　　借：银行存款
　　　　　贷：其他货币资金——信用卡户

第五部分 中间业务往来

一、中间业务往来概述

中间业务是商业银行的支柱性业务之一。商业银行中间业务的发展已有一百多年的历史,近二三十年来发展尤为迅速。当前,中间业务已逐渐成为商业银行业务发展的重点,中间业务带来的收入在商业银行的利润构成中已占据越来越重要的地位。

(一) 中间业务的概念

中间业务是指商业银行不直接承担或不直接形成债权债务、不动用或较少动用自己的资金,而是以中介身份通过为客户提供支付结算、代理、咨询顾问、租赁和委托等金融服务,从中收取手续费的各项非信用业务。这些业务不构成商业银行资产负债表表内资产和表内负债,属于银行非利息收入的业务,但它又与表内业务有一定的联系,是创新能力非常强的业务。传统的中间业务主要有支付结算类、银行卡类、代理类等,近年来交易类、基金托管类、咨询顾问类等中间业务发展迅速,各种创新金融工具也不断出现。

目前,我国商业银行收入仍以贷款利息收入为主,中间业务收入只占全部收入的10%左右,中间业务还处于较低的发展水平,而且各行的中间业务开发得相对多的通常是国际业务领域。在本币业务领域,中间业务开发的品种还比较单调,竞争主要是依托网络优势,在推行的代收代付业务方面展开。目前,中国银行业务市场已对外资银行全面开放,外资银行也已享受国民待遇。因此,加快拓展中间业务不仅是中国商业银行参与中外金融

（二）中间业务的分类

中间业务非常复杂，内容繁多，任何一种单一的分类方法都难以全面概括。这里从以下几个角度对中间业务进行分类。

1. 按银行办理中间业务的条件划分

根据银行办理中间业务的条件不同，可以把中间业务分为以下主要类别。

（1）与银行支付中介职能相联系的中间业务。支付中介职能是银行的主要功能之一，与这一职能相联系而生成的中间业务主要有结算业务、代客收付业务、代理工资发放业务等。

（2）与银行信用中介职能相联系的中间业务。这类中间业务主要包括租赁业务、代理集资业务、代客买卖业务等。

（3）与银行信誉相联系的中间业务。这类中间业务主要有信托业务、保管业务、信用证和票据承兑业务等。

（4）与银行的技术经济条件相联系的中间业务。这类中间业务主要有咨询业务、代客理财业务、电子计算机对公业务。

2. 按中间业务的性质和功能来划分

（1）结算性中间业务。即商业银行为客户办理的那些因债权债务关系引起的、与货币收付有关的业务。

（2）担保性中间业务。即由商业银行向客户出售信用或为客户承担风险而引起的有关业务，如承兑业务、信用证业务等。

（3）融资性中间业务。即由商业银行向客户提供传统信贷以外的其他融资服务所引起的有关业务，主要包括租赁业务、信托投资业务、代理理财服务中的代理融资业务、出口押汇业务等。

（4）管理性中间业务。这是由商业银行接受客户委托，利用自身经营管理上的优势，为客户提供各种服务而引起的有关业务，包括各种代保管业务、代理理财服务、代理清偿服务、代理业务以及现金管理业务等。

(5) 其他中间业务。这些业务包括咨询业务、各种评估业务、财务顾问业务、计算机服务等。这些业务大多属于纯粹的服务性中间业务。

3. 按银行在办理中间业务时的身份来划分

(1) 代理性业务。代理性业务是指银行在接受客户委托后，以客户的名义所办理的各类中间业务，包括代理收款、代理保险、代理融通、代发工资、代销国债等。

(2) 委托性业务。委托性业务是指银行在接受客户委托后，以自己的名义所开展的各类中间业务，如各种结算业务、信托业务中的委托类业务等。

(3) 自营性业务。自营性业务是指银行自己直接主动参与的各类中间业务。前面所说的担保性中间业务、融资性中间业务、评估性业务等都属于自营性业务。

4. 按中间业务的服务对象来划分

(1) 对外服务型中间业务。它是商业银行为满足客户需要而开展的中间业务。绝大多数中间业务都属于这种类型。

(2) 自我服务型中间业务。这是商业银行为满足自身经营的需要而开展的中间业务，它一般不以盈利为目的。

二、商业银行代收代付业务的操作规程

商业银行的代理收付业务是商业银行利用自身网点、人员、技术、汇兑和网络等优势，接受行政管理部门、社会团体、企事业单位和个人委托，代为办理指定范围内的收付款项的服务性中间业务。

(一) 代收代付业务的基本原则

1. 明确代收代付业务金额的使用方向。客户要求商业银行代理收付时，必须向商业银行提出申请，并明确所收付款项的金

额、用途和代理形式。

2. 签订收付款项的代理合同。商业银行为客户代理收付款项时，要签订经济合同或代理协议，明确责任，避免经济纠纷。

3. 要坚持互惠互利原则。商业银行为客户代收代付款项时，要坚持互惠互利原则，根据具体情况，按照一定的规定，收取合理的手续费用。

4. 要以国家的相关法规为业务依据。商业银行为客户代收代付款项时，要遵守国家有关法律及政策规定，遵守商业银行的结算原则。

5. 要坚持银行不垫款原则。商业银行为客户代收代付款项时，对付款方不能按时交纳款项时，商业银行不负任何责任，要坚持银行不垫款原则，但有义务向客户提供真实情况。

(二) 代收代付业务的种类及操作规程

1. 由商业银行代理通信类产品业务的操作规程

(1) 这是指由商业银行利用本身的网络和网点优势，代企业缴纳固定电话费、移动电话费、网络月（年）租费、传真费、报务费、专线费、传呼服务费、电子银行服务费等。这类代理业务，首先是商业银行接受通信类产品的部门委托与之签订代收协议，根据协议规定，代企业收取通信类产品的服务费用，缴费企业到银行营业网点柜台实时联网交费或企业在银行营业网点提出书面申请，委托银行在约定时间从企业指定的账户中扣款，用于代缴通信类产品服务费的服务方式。

(2) 商业银行代理通信类产品业务的操作规程：先由银行与电信公司签订委托协议，代理银行按协议规定代收服务费时，企业有两种缴费方式可选择：一是由企业直接到银行营业柜台交费，这是由企业提交电话交费凭证或提供用户电话号码，经办银行复核电话交费凭证或用户电话号码，并进行调单、收费、打印账单、收据等，并将一联电信交费凭证或专用发票退还给客户；

二是由企业预约指定账户扣收款项，由申请人持有效身份证、银行卡（或存折）及上月电信收费账单到银行网点申办代理业务，并填写预约代缴电话费业务申请表，银行临柜人员审核并录入信息后，将"回执"退还申请人，银行于每月约定期限，从申请人指定的银行账户中代扣电话费。银行代收款项后，在协议规定的时间，向电信部门划转款项，电信部门收到代理银行划转的款项后，按规定向代理银行支付代理手续费。

银行的账务处理为：

  借：吸收存款——缴费企业户

   贷：其他应付款——××企业通信费

  借：其他应付款——××企业通信服务费

   贷：吸收存款——××收费企业户

缴费企业的账务处理为：借：管理费用（或有关账户）

        贷：银行存款

收费企业的账务处理为：借：银行存款

        贷：主营业务收入

同时，向代理银行支付手续费：借：××费用

        贷：银行存款

银行收到代理手续费时：借：吸收存款

        贷：手续费及佣金收入

2. 商业银行代理物业管理类产品业务的操作规程

（1）商业银行代收物业管理类产品费用业务是指银行利用自己的网络和网点优势，在与当地经营该产品或提供服务的公司签订代收费协议，代理企业缴纳水费、电费、燃气费、物业管理费、有限电视费、租赁管理费、街道清洁费、保安服务费、报警服务费、房租费、城建管理费等。

（2）商业银行代收物业管理类产品业务的操作流程、手续费用、资金划转等环节与代理通信类产品业务基本一致。

银行的账务处理为：借：吸收存款——××缴费企业户
　　　　　　　　　　贷：其他应付款——××企业物管费
　　　　　　　　　借：其他应付款——××企业物管费
　　　　　　　　　　贷：吸收存款——收费企业户
缴费企业的账务处理为：借：管理费用（或有关账户）
　　　　　　　　　　　贷：银行存款
收费企业的账务处理为：借：银行存款
　　　　　　　　　　　贷：营业收入
同时，向代理银行支付手续费：借：××费用
　　　　　　　　　　　　　　贷：银行存款
银行收到代理手续费时：借：吸收存款
　　　　　　　　　　　贷：手续费及佣金收入

3. 商业银行代理社会保障类产品业务操作规程

（1）商业银行代理社会保障类业务产品是指商业银行受社会保障事业管理局的委托，并签订代收协议后，代收社会保障关系在社保局的人员的社会保障费用方面的业务，主要是为了单位在缴纳社会保障费用的方便。代收范围主要有养老保险金、失业保险金、医疗保险金、工伤保险金等。

（2）商业银行代理社会保障类业务产品操作规程为：银行与社保局签订委托代收协议，社保局将代收的社保费数据制成文件，送交代收银行，存入代收银行的电脑。缴费人持缴费手册，并填写好客户姓名、身份证号、社保号、缴费档次等内容的专用现金交款单。银行临柜人员将客户信息输入缴费机，并与社保局送达的数据文件相核对，确定其收费金额，银行收取现金或扣款后，打印社保局专用社会保险费收据，并加盖专用章后，交给客户，最后由银行利用通存通兑系统将资金划入社保局账户。

银行的账务处理为：借：吸收存款——缴费企业户
　　　　　　　　　　贷：其他应付款——社保局

　　　　　　　借：其他应付款——××企业户
　　　　　　　　贷：清算资金往来
　　缴费企业的账务处理为：借：有关账户
　　　　　　　　　贷：银行存款
　4. 商业银行代理发放工资类业务操作规程
　　（1）商业银行代理发放工资类业务是指商业银行利用自己的网络和网点优势，与机关、团体、企事业单位和社会保障机构签订代发工资等业务协议。它的主要范围有代发工资、奖金和离退休人员的养老金等。
　　（2）商业银行发放工资类业务的操作规程：操作相对比较简便，企业单位只要与银行签订代理协议，然后再为每一员工在代理行办理个人银行卡，每月定期开出以工资总额为金额的工资专用现金支票，并附上员工的工资清单，由银行经办人员把员工工资登记到个人银行卡中，登记后由企业员工自行到银行支取。
　　银行的账务处理为：借：吸收存款——××企业户
　　　　　　　　　贷：××科目
　　待企业员工自行到银行支取时：借：××科目
　　　　　　　　　　贷：库存现金
　　企业的账务处理为：借：库存现金
　　　　　　　　　贷：银行存款
　　　　　　　　借：应付职工薪酬
　　　　　　　　　贷：库存现金
　5. 商业银行代理税收类业务操作规程
　　（1）商业银行代理税收类业务是指银行与税务部门签订委托代收协议，根据税务部门提供的缴费数据，采用银行批量扣款方式定期从纳税单位账户扣收各种税费，并将所扣税金划入税务部门在商业银行所开立的账户中。商业银行代理税收类业务针对的税款种类主要包括国税、地税和纳税保证金等。

(2)操作规程为:银行与税务部门签订委托代缴税收协议,由税务部门定期向银行提交应纳税客户的纳税金额明细账,银行从纳税人账户中扣除应纳税金额,或由纳税人直接到银行交纳税款,银行将代扣的税款转入税务部门相应的账户,税务部门委托银行或自己向纳税人出具缴税凭证,税务部门向银行支付按协议规定的代理费用。

银行扣收税费的账务处理为:

  借:吸收存款——××企业户

   贷:其他应付款

银行将税费划入税务部门时:

  借:其他在付款

   贷:有关账户——××税务部门

    (或清算资金往来)

缴税企业的账务处理为:借:应交税费

        贷:银行存款

三、商业银行代理有价证券业务的操作规程

(一)商业银行代理有价证券发行业务

1. 商业银行代理发行有价证券业务的概念

代理发行有价证券是指筹资单位(发行者)委托商业银行在双方约定的发行期限内发售有价证券,在发行期限结束后,将款项划转给发行者,将未发售出去的有价证券退还给发行者的代销发行方式。

2. 商业银行代理发行有价证券业务的基本程序

企业发行有价证券一般是委托商业银行或证券公司来发行,其发行的基本步骤如下:

(1)发行前准备。正确合理地确定发行要件,如数量、期限、发行时间、利率、发行方式等;完成发行的相关审批手续;

确定社会发行的"招募书"。

(2) 选择发行代理人。通过协商或竞争性投标等形式来确定发行代理人，一般应选择资金雄厚、经验丰富、信誉卓著的商业银行作为发行代理人。

(3) 签订代理发行合同。合同中应注明代发方式、组织管理责任、违约责任、赔付条款等内容。若发行金额较大可以选择几家银行或公司联合代理发行。

(4) 公布"招募说明书"，并进行有效的宣传。在发行前要通过广播、电视、报纸等媒体进行广泛宣传，保障有价证券的及时、全额发行。

(5) 公开销售。在约定的日期由代发银行向社会公开发行，在发行结束的规定期限内，及时向主管部门报送证券销售情况报告书。

(6) 商业银行发行手续费用由发行者和商业银行协商确定，并按合同规定在约定的时间里支付。

银行的账务处理为：借：代发行证券
　　　　　　　　　　贷：代发行证券款
　　　　　　　　　　借：吸收存款
　　　　　　　　　　贷：代发行证券
　　　　　　　　　　借：代发行证券款
　　　　　　　　　　贷：吸收存款
　　　　　　　　　　　　手续费及佣金收入

企业的账务处理为：借：银行存款
　　　　　　　　　贷：应付债券
　　　　　　　　　借：财务费用
　　　　　　　　　贷：银行存款

(二) 商业银行承销有价证券业务

1. 商业银行承销有价证券业务的概念

商业银行承销有价证券业务是指与发行者签订合同,代理承销有价证券的业务。承销有价证券一般有全额包销和余额承购两种方式。

2. 商业银行承销有价证券业务的基本程序

商业银行承销有价证券业务的基本程序主要有以下步骤:

(1) 订立承销合同,规定双方的权利和义务。

(2) 公布"招募说明书",并进行有效的宣传。在发行前要通过广播、电视、报纸等媒体进行广泛宣传,保障有价证券的及时、全额发行。

(3) 采用多种渠道、多种方式组织销售。

(4) 完成承销后,还应追踪证券筹集资金的用途,加强代理承销证券的检查,确保证券的如期偿还。

银行的账务处理为:借:代发行证券——××证券户
　　　　　　　　　　贷:吸收存款
　　　　　　　　　借:吸收存款
　　　　　　　　　　贷:证券发行——××证券户
　　　　　　　　　借:证券发行——××证券户
　　　　　　　　　　贷:代发行证券——××证券户

企业的账务处理为:借:银行存款
　　　　　　　　　贷:应付债券

(三) 商业银行兑付有价证券业务

1. 商业银行兑付有价证券业务的概念

商业银行兑付有价证券业务是指企业发行的有价证券到期时,商业银行兑付本息的一种业务。

2. 商业银行兑付有价证券业务的基本流程
(1) 根据以上内容,审查有价证券的真实性。
(2) 根据证券发行条件,准确核查本金和利息。
(3) 准确支付有价证券本息。
(4) 及时向发行人报告兑付信息。
银行的账务处理为:
收到发行企业拨来的兑付证券款时:借:吸收存款
　　　　　　　　　　　　　　　　贷:代兑付证券款
兑付债券时,收回债券,支付资金:
　　借:代兑付证券(本金与利息)
　　　贷:吸收存款
兑付期结束,交回证券并结清代兑付债券款:
　　借:代兑付证券款
　　　贷:代兑付证券
　　　　　吸收存款——××企业户(代兑付债券剩余款)
结算手续费:借:吸收存款
　　　　　　　贷:手续费及佣金收入
企业的账务处理为:
拨付兑付证券款时:借:其他应收款
　　　　　　　　　贷:银行存款
结清兑付债券款时:借:应付债券
　　　　　　　　　　银行存款(剩余款)
　　　　　　　　　贷:其他应收款
支付手续费:借:财务费用
　　　　　　　贷:银行存款

四、商业银行代理保险业务的操作规程

（一）商业银行代理保险业务的概念

商业银行代理保险业务是指商业银行受保险人和保险公司的委托，在从事自身业务的同时，利用银行与社会各行业接触面广的特点和商业银行独特的机构网点优势、网络优势、人才优势，在遵守国家有关法律法规和规章制度、遵循自愿和诚实信用原则的基础上，为保险公司代办经保险监管部门核批的保险业务。

（二）商业银行代理保险业务的基本种类

商业银行代理保险业务目前大致可以分为三大类：

第一类：代理财产保险业务。财产保险主要有财产类保险、运输工具类保险、工程建筑安装类保险、货物运输类保险、责任类保险、保证类保险和综合类保险。

第二类：代理人寿保险业务。人寿保险业务主要有年金类保险、健康类保险、意外类保险和分红类保险。

第三类：代理资金清算业务。代理资金清算业务主要有代理收取保险费、代理支付保险金、代扣保险费业务、异地资金汇划业务、账户管理与自动扣款业务等。

（三）商业银行代理保险业务的基本流程

由于商业银行代理保险业务种类繁多，这里以代理企业财产保险业务为例，介绍代理保险业务的一般流程。

企业财产保险是指以投保人存放在固定地点的财产和物资作为保险标的的一种保险。商业银行与被代理的保险公司签订代理协议后，在其授权范围内向客户推荐被代理保险公司的企业财产保险，并协助客户办理有关投保手续，协助保险公司理赔和赔偿金的支付等。

就我国目前商业银行开展的中间业务来说，代理业务是开展较为普遍、经营良好的中间业务，代理业务的种类也很繁多，除

以上介绍的以外，还有如代理金银业务、代理外汇买卖业务、代理衍生工具买卖业务、代理会计事务、代理房地产业务等。随着金融业竞争的加剧和金融创新的发展，商业银行代理业务会不断地创新和拓展。

五、商业银行信托与租赁业务的操作规程

（一）商业银行的信托业务

1. 信托的概念

信托是指委托人基于对受托人的信任，将其财产权委托给受托人，由受托人按委托人的意愿以自己的名义，为受益人的利益或者特定目的，进行管理或者处置财产的行为。因此，信托包含以下四层含义：信托是一种以信托财产为中心的法律关系，信托财产是信托成立的第一要素；委托人信任受托人，在此基础上，委托人将财产权委托给受托人；受托人以自己的名义管理、处置信托财产；受托人为受益人的最大利益进行信托管理事务。

2. 信托存款业务

（1）信托存款业务的概念

信托存款业务是指金融信托机构在特定的资金来源范围内，以信托方式吸收的存款业务，即企事业单位将闲置的自有资金存入信托机构，由信托机构加以信托管理和运用。

（2）单位信托存款

单位信托存款是指委托单位以自身可以自主运用的资金委托信托机构代为管理和运用，以期获取相应收益的业务。根据我国有关规定，单位信托存款目前仅限于具有法人资格的企业、事业、机关团体、科研文教等单位可自主支配的资金。

3. 信托存款业务的操作程序

信托机构在办理信托存款时，不同的信托机构在操作程序上有差异，这里只作概括性的介绍。办理信托业务时，首先是委托人提出申请,并填写"信托存款业务申请书",该申请书注明信托存款的金额、期限、用途、收益水平、受益人、委托具体事项等。委托人与受托人进行委托洽谈,受托人进行客户调查,双方就期限、收益、手续费、用途、未到期(逾期)处理办法进行洽谈,对资金来源是否符合有关规定进行调查。双方签订信托存款协议,然后由委托人开立信托存款账户,交存信托存款,在存款存单上除具有一般存单要素以外,还应注明性质、委托人、受托人、受益人各自的权利与义务。信托机构向委托人或受益人支付信托收益,并按协议收取手续费。信托存款到期,客户提取信托存款或续存,由客户交回存单,提取存款,结清收益;或客户交回存单,结清收益,重新开具存单;办理续存。

开立信托存款账户时:借:清算资金往来

     贷:吸收存款——××信托存款户

支付信托收益及收取手续费时:

 借:有关账户

  贷:吸收存款——××信托存款户

 借:吸收存款——××信托存款户

  贷:手续费及佣金收入

到期支取存款时:借:吸收存款——××存款户

     贷:吸收存款——××信托存款户

     利息支出——××利息支出户

企业开户时的账务处理为:借:银行存款——××信托户

     贷:其他应收款

取得信托收益时:借:银行存款

    贷:有关账户

支付手续费时:借:财务费用

    贷:银行存款

4. 信托贷款业务

(1) 信托贷款业务的概念

信托贷款业务是指信托机构运用信托基金、信托存款或筹集的其他资金,以贷款的方式向自行审定的借款对象和项目贷放资金的业务。信托贷款业务是信托机构运用资金的一种基本形式。信托贷款业务与一般贷款业务主要存在着资金来源不同、使用主体不同、贷款利率不同等差异。

(2) 信托贷款的对象与条件

信托贷款对象与银行一般贷款的对象类似,也必须强调资金使用的安全性、流动性和盈利性原则。信托贷款的一般条件主要是:具有法人资格,从事合法经营活动的企业;内部管理制度和财务制度健全;拥有一定比例的自有资金,具有一定的抗经营风险能力;生产经营正常,具备还款能力;在银行开立基本结算账户。

(3) 信托贷款业务的操作程序

信托贷款业务的操作程序和一般银行贷款的程序基本相同。首先由借款人向信托机构提出申请,申请中应明确贷款的金额、期限、用途,出具近期财务报表、可行性报告、项目合同及其他相关资料。信托机构接到贷款申请后,按规定审查审批信托贷款,主要审查财务状况、经营状况、项目可行性、还款保障、配套资金等,决定贷与不贷,贷多贷少。信托机构经审查确定贷款后,双方签订信托贷款协议,该协议要明确贷款的金额、期限、利率和还款方式等;所必须提供的担保或抵押、质押物的条款。贷款发放以后,信托机构应检查贷款的使用情况,采取定期、不定期地检查贷款使用情况,监督贷款人按规定用途和条件使用贷款,防止贷款的挪用。贷款到期时,应及时催收,保证贷款如期收回本息。

银行发放贷款的账务处理为:借:××贷款

贷：吸收存款
贷款到期银行收回贷款本息时：借：吸收存款
贷：××贷款
××贷款利息收入
企业取得贷款的账务处理为：借：银行存款
贷：××借款
贷款到期归还本金支付利息时：借：××借款
财务费用
贷：银行存款

5. 信托投资业务
（1）信托投资业务的概念
信托投资业务是指金融信托机构以法人身份将信托资金投放于经营项目或有价证券，以谋取投资收益的行为，是信托机构的重要业务之一。信托投资与信托贷款都是信托机构运用信托资金的重要方式，但两者之间存在一定的差异。

（2）信托投资的种类
第一，信托投资根据投资对象不同可以分为企业项目投资与有价证券。

第二，信托投资根据组织形式不同可以分为股权式投资与契约式投资。股权式投资是指投入的资金作为企业的股本，由信托机构委派代表直接参与企业的经营管理，并以投资比例作为分配利润或承担风险的依据。契约式投资是信托机构不参与企业的经营管理，按协议规定的比例，在一定期限内收取投资的收益。

第三，信托投资根据投资收益分配方式的不同可以分为固定分成投资、比例分成投资和保息分红投资。固定分成投资是由投资双方事先商定利润分成额度，信托机构按此固定额度分享收益，不受企业实际盈亏的影响。比例分成投资是指投资各方事先商定各方分成的比例，盈利按此比例分红，亏损也按此比例分担。保息分红投资是指投资各方事先商定支付给信托机构的一定数量的定期利息，年终时还要参与企业一定比例的分红。

(3) 信托投资业务的操作程序

不同的投资种类、不同的投资企业、不同的投资协议，信托投资业务的操作程序都不尽相同，在此只作一般性介绍。首先是进行投资项目筛选，信托机构根据信托投资的规定和基本条件，通过一定的渠道对拟投资的项目进行初步的选择。接着进行项目评估，通过投资环境、产品市场、供应情况、工艺设备、财务效益等方面的评估，对整个项目投资进行必要性和可行性认证和决策。进行项目洽谈，投资各方就投资方式、利润分配、投资组织形式、经营管理方式等内容进行洽谈。项目确立，签订投资协议。项目执行，投资机构及时根据协议，及时注入投资资金，监督资金使用，做到按时施工、竣工和投产。项目终止，当投资合同期满各方又无意延期或由于不可抗拒原因或企业严重亏损以及合同规定允许投资方股权转让都可导致项目终止。

银行的账务处理为：

收到委托资金时：借：吸收存款——××存款户
　　　　　　　　　贷：吸收存款——××委托存款户

对外投资时：借：委托投资——××公司
　　　　　　贷：吸收存款——××委托存款户

收取手续费时：借：吸收存款——××存款户
　　　　　　　贷：手续费及佣金收入

企业的账务处理为：

提交投资资金时：借：××投资
　　　　　　　　贷：银行存款

支付手续费时：借：财务费用
　　　　　　　贷：银行存款

取得投资收益时：借：银行存款

贷：投资收益

(二) 商业银行的租赁业务

租赁业务是一种集融资与融物职能于一身的一种特殊信用活动，随着租赁业务的发展，经营货币信用的银行逐渐加入了这个市场，并逐渐成为商业银行的一项重要业务活动。在此，着重讨论与商业银行资金融通活动密切相关的金融租赁业务。

1. 金融租赁的概念与特点

租赁是指承租人在不拥有物品所有权的情况下，通过向物品所有者支付费用，在一定的期限内获得物品使用权的行为。金融租赁又称融资性租赁，指租赁的当事人约定，由出租人根据承租人的决定，向承租人选定的设备供应商购买承租人选定的设备，以承租人支付租金为条件，将该物件的使用权转让给承租人，并在一个不间断的长期租赁期间内，通过收取租金的方式，收回全部投资并获得相应利润。金融租赁具有以下特点：

(1) 集"融资"与"融物"于一身。金融租赁之所以叫"金融"租赁，就是因为这种租赁形式能解决企业进行设备投资时资金不足的问题而所具有的融资性功能。企业通过金融租赁一般不能直接获得资金，而是企业发展所需的设备，因此它实际上是变"融资"为"融通"。

(2) 无须抵押。金融租赁与银行贷款的最大区别就是出租方无须承租方的物品抵押，因此对于中国目前民营企业难以获得银行贷款的现状，金融租赁是一种极其有效的资金解决方案。实际上，在西方发达国家的设备购置中超过一半是通过融资租赁方式进行的。

(3) 分期偿还。金融租赁中，出租人一般不要求承租人在短期内偿还所欠债款，而是采用分期清付设备资金，并保留约定的折价购买设备的权利。这样对企业来说可以有一定的缓冲时间为企业的发展聚集更多的资金，同时在有足够资金的时候又可以按约定的折旧价格购回所租赁的设备。

（4）多向促进。金融租赁具有促进资本投资、促进设备销售和促进企业融资等多向促进功能。租赁公司在开展业务过程中，用自己的资金拉动银行信贷和社会投资，解决承租人在进行设备投资中的资金来源，发挥了促进投资的功能。

2. 金融租赁业务的种类

（1）直接租赁。直接租赁是由承租人指定设备及生产厂家，委托出租人投入资金购买并提供设备，交承租人使用并由承租人支付租金的租赁形式，这是金融租赁的主要形式。这种租赁的期限较长，一般设备为3～5年，大型设备一般在10年以上，有的长达20年左右，相当于整个设备的寿命期。

（2）回租租赁。回租租赁也叫售后回租，又称为返租赁，是指由设备所有者将自己拥有的部分资产（如设备、房屋等）卖给租赁公司，然后再从该租赁公司租回来的租赁业务。回租租赁是当企业资金流通困难时改善企业财务状况非常有效的一种做法。

（3）经营性租赁。经营性租赁是一种短期租赁形式，它是指出租人不仅要向承租人提供设备的使用权，还要向承租人提供设备的保养、保险、维修和其他专门性服务的一种租赁形式。经营性租赁是一项可撤销的、不完全支付的租赁业务行为。

（4）杠杆租赁。杠杆租赁是一种新发展起来的租赁形式，是一种非常复杂的租赁交易。它是指在一项租赁项目中，设备购置成本的小部分由出租人投资承担，大部分由银行等"金融机构投资人"提供贷款补足的租赁方式。

（5）转租赁。转租赁是由出租人作为承租人，向其他出租人租赁所需的设备，再将该设备租赁给真正使用该设备的承租人的一种租赁方式。这种租赁方式要涉及三方当事人，包括第一出租人、第一承租人（即第二出租人）、第二承租人。

3. 直接租赁的具体操作规程

（1）选择租赁设备及其制造厂商。承租企业根据项目的计划要求，确定所需引进的租赁设备，然后选择信誉好、产品质量高的制造厂商，并直接与其谈妥设备的规格、型号、性能、技术要求、数量、价格、交货日期、质量保证和售后服务条件等。

（2）申请委托租赁。承租人首先要选择租赁公司，主要是了解租赁公司的融资能力、经营范围、融资费率等有关情况。选定租赁公司之后，承租人提出委托申请，填写租赁申请表或租赁委托书交给租赁公司，详细载明所需设备的品种、规格、型号、性能、价格、供货单位、预定交货期以及租赁期限、生产安排、预计经济效益、支付租金的资金来源等事项。

（3）技术商务谈判。在租赁公司参与的情况下，承租人与设备厂商进行技术谈判，主要包括设备造型、质量保证、零配件交货期、技术培训、安装调试以及技术服务等方面。同时，租赁公司与设备厂商进行商务谈判，主要包括设备的价款、计价币种、运输方式、供货方式等方面。

（4）签订租赁合同。租赁公司与承租人之间签订租赁合同，租赁合同的内容主要包括：租赁物件、租赁物件的所有权、租赁期限、租金及其变动、争议仲裁以及租赁双方的权利与义务等。租赁合同的签订表明承租人获得了设备的使用权，而设备的所有权仍属于租赁公司。

（5）融资及支付货款。租赁公司可用自有资金购买设备，但如果其资金短缺，则可以通过金融机构融通资金，或从金融市场上筹集资金直接向供货厂商支付设备货款及运杂费等款项；也可由租赁公司先将款项提供给承租单位，用于预付货款，待设备到货收到发票后，再根据实际货款结算，转为设备租赁。

（6）交货及售后服务。供货厂商按照购货合同规定，将设备运交租赁公司后转交给承租人，或直接交给承租人。承租人向租赁公司出具"租赁设备验收清单",作为承租人已收到租赁设备的书面证明。供货厂商应派工程技术人员到厂进行安装调试,由承租企业验收。

(7) 支付租金及清算利息。租赁公司根据承租人出具的设备收据开始计算起租日。由于一些事先无法确定的费用(如银行费用、运费及运输保险费等),租赁公司在支付完最后一笔款项后,按实际发生的各项费用调整原概算成本,并向用户寄送租赁条件变更通知书。承租企业应根据租赁条件变更通知书支付租金。租赁公司再根据同金融机构签订的融资合同以其租赁等收入偿还借款和支付利息。

(8) 转让或续租。租赁期届满后,租赁公司按合同规定或将设备所有权转让给承租人,或收取少量租金继续出租。若转让设备所有权,则租赁公司必须向承租人签发"租赁设备所有权转让书",以证明该租赁设备的所有权已归属承租人所有。

4. 回租租赁的具体操作规程

回租租赁业务的主要交易程序如下:承租人将自制或外购的机器设备出售给租赁公司;租赁公司拥有设备成为物主后,将设备回租给原物主(承租人)使用,并签订租赁合同;租期开始,承租人定期向出租人支付租金。

5. 转租赁的具体操作规程

转租赁的具体交易流程如下:甲租赁公司与供货厂商签订购货合同;甲租赁公司将购货合同转让给乙租赁公司,签订租赁合同转让协议;甲租赁公司以承租人身份从乙租赁公司租入设备,签订租赁合同;甲租赁公司以出租人身份将设备租给最终承租人使用,并签订租赁合同;供货厂商向最终承租人交货,并提供售后服务。

6. 金融租赁的定价及租金支付方式

金融租赁的定价是指租赁业务中租金的确定和计算。租金是指出租人转让设备使用权给承租人而按约定的条件定期向承租人收取的报酬。由于租赁对象、租赁标的、租赁方式的不同，各种租赁业务中租金的确定和计算也存在着差异，但必须考虑如下因素：

（1）资产价款。租赁设备资产的价款是构成租金的首要因素。租赁设备资产的价款是由资产买入价、运费和途中保险费等组成。租赁设备的买入价由出租人和承租人协商确定。

（2）利息。一方面，金融租赁从本质上来讲是资金融通的一种变形，因此出租人要按投资金额收取一定的利息；另一方面，出租人投资资金多数是从其他机构借入，因此租赁利息和租赁机构的筹资成本密切相关。利息的高低还取决于承租人的信誉、金融市场行情及变动趋势、租赁机构的经营状况等。

（3）手续费。租赁手续费是租赁公司为承租人承办租赁设备所开支的办公费、工资、差旅费、税金、营业费用和经营利润等。手续费收取的方式主要有两种：第一种，按资产价款的一定比例计算，在租赁开始日收取；第二种，适当提高利率，在租赁期内逐次收取。

租金的支付方式一般有三种：第一种，期初付租（租金先付），承租人在各个付租间隔期间的期初支付租金，在这种支付方式下，第一期租金在起租日即需要支付。第二种，期末付租（租金后付），承租人在各个付租间隔期间的期末支付租金，这种支付方法能使租金支付时间向后推迟整整一个间隔期，为资金短缺的承租人提供方便和实惠。第三种，有付租宽缓期的期末付租，承租人引进设备，从安装、调试到设备投产需要一定的时间，在这段时间里，承租人还没有偿还租金的资金来源，因此，双方可以商定从起租日起确定一个期限，作为宽缓期；在宽缓期内承租人可以不付租金，但要计算利息；宽缓期的利息加入租赁设备总成本之中，然后再计算租金。

六、商业银行担保与承诺业务的操作规程

商业银行担保与承诺类中间业务是商业银行或有业务的重要组成部分。在这类业务的经营中，商业银行承担着保证责任，并有可能增加自身现实的资产或负债。

（一）保函业务

1. 银行保函的定义和种类

银行保函是指银行应合约关系一方的要求，向合约关系的另一方担保合约项下的某种责任或义务的履行所做出的在一定期限内承担一定金额支付责任或经济赔偿责任的书面付款保证承诺。银行保函可以分为以下几种：

（1）借款保函。借款保函指银行应借款人要求向贷款银行所做出的一种旨在保证借款人按照借贷合约的规定按期向贷款方归还所借款项本息的付款保证承诺。

（2）融资租赁保函。融资租赁保函指承租人根据租赁协议的规定，请求银行向承租人所出具的一种旨在保证承租人按期向出租人支付租金的付款保证承诺。

（3）补偿贸易保函。补偿贸易保函指在补偿贸易合同项下，银行应设备或技术的引进方申请，向设备或技术的提供方所做出的一种旨在保证引进方在引进后的一定时期内，以其所生产的产品或以产成品外销所得款项，来抵偿所引进的设备和技术的价款及利息的保证承诺。

（4）投标保函。投标保函指银行应投标人申请向招标人做出的保证承诺，保证在投标人报价的有效期内投标人将遵守其诺言，不撤标、不改标，不更改原报价条件，并且在其一旦中标后，将按照招标文件的规定在一定时间内与招标人签订合同。

（5）履约保函。履约保函指银行应供货方或劳务承包方的请求而向买方或业主方做出的一种履约保证承诺。

（6）预付款保函。预付款保函又称还款保函或定金保函，指银行应供货方或劳务承包方申请向买主或业主方保证，如申请人未能履约或未能全部按合同规定使用预付款时，则银行负责返还保函规定金额的预付款。

（7）付款保函。付款保函指银行应买方或业主申请，向卖方或劳务承包方所出具的一种旨在保证贷款支付或承包工程进度款支付的付款保证承诺。

另外还有来料或来件加工保函、质量保函、预留金保函、延期付款保函、票据或费用保付保函、提货担保、保释金保函及海关免税保函等。

2. 保函业务的对象及条件

申请保函业务的客户应具备以下条件：

（1）是经国家工商行政管理机关批准，具有法人资格的企业。申请开立对外担保函的企业还需有履行涉外合同能力，并拥有可靠的偿债外汇来源。

（2）在银行开有基本账户或一般结算账户。

（3）在银行无欠息、无呆滞、呆账贷款。

（4）有良好的信誉和较强的经济实力。

（5）能够提供符合规定要求的反担保。

（6）有关基础合同的内容应符合国家有关规定和批准程序，某些特定情况还需具有进出口许可证及配额等文件。

（7）与申请人签约的受益人，经银行或可靠机构咨询，资信情况良好。

3. 保函业务的基本程序

（1）填写开立保函申请书，提供如下材料：基础合同或意向书；保函格式；申请人的经会计师事务所审计的上年度财务报告、当期财务报表；保函受益人的有关资信材料；反担保承诺函或物业抵押材料或其他反担保方式的承诺等；开立借款保函、融资租赁保函、补偿贸易项下的现汇履约保函等融资性保函。除上述材料外，还需提供项目可行性研究报告、政府主管部门批准文件等资料。

(2) 受理银行对申请人和受益人资信情况、担保项目情况、保函条款、反担保措施等进行审查。

(3) 银行按审批权限进行审批。

(4) 开出保函。

(5) 保函后期管理，包括项目监督、财务管理、档案管理、担保余额减额及注销管理等。

(二) 信用签证业务

1. 信用签证的基本含义

信用签证作为一项中间业务，是一种不可撤销的银行担保行为。银行咨询机构按照法律规定，对客户办理各种信用签证业务。信用签证业务可分为进口订货签证、国内订货签证、投标或投资签证。根据责任不同，信用签证业务又可分为担保签证和保付担保签证两种形式。

2. 信用签证的基本方式

(1) 监督付款：在商品交易中，负责监督买卖双方严格履行经济合同，但不承担经济责任。

(2) 保证付款：由银行出具信用签证书，保证购货方按期付款。若购货方不能及时付款可按顺序进行扣款或向其提供临时周转贷款，以支付货款。采用保证付款的，购货方必须将交易金额全部作为保证金存入银行，由银行按购销双方签订的合同，一次或分次付款给销货方。申请签证单位存入的保证金一般不计息，如分期付款则按余额计付活期存款利息。

3. 信用签证的基本原则

(1) 维护购销双方或其他经济往来中有关双方的利益，通过不同的形式，督促双方严格履行合同。

（2）在申请单位不支付或无力支付其应付款项时，不予垫付。

（3）在商品交易或招标方与投标方发生争执时，不参与纠纷的仲裁或诉讼。

（4）属于固定资产项目的签证，必须在申请单位提供有权机关批准的固定资产项目投资计划文件及设计方案等资料后，才予以办理签证。

4. 信用签证的基本原则程序

（1）申请信用签证单位提出申请，说明申请单位的经济性质、开户行及签证原因并提供必要的办理签证资料。

（2）本行以申请签证单位及其提供的资料按信贷管理原则进行审查和评估。

（3）审批同意后，办理签证手续或出具信用签证书。

5. 信用签证手续费计收

信用签证手续费一般在签证时一次计收。投标签证可在签证及中标后分次计收。根据手续的繁简，一般按签证余额的 0.5‰～3‰计收签证手续费。

（三）备用信用证

1. 备用信用证的定义

备用信用证是指开证行承诺偿还开证申请人的借款或对开证申请人的放款，或在开证申请人未能履约时银行保证为其支付的一项商业银行对受益人承担义务的凭证。它是一种不可撤销的、独立的、单据性的及具有约束力的承诺。

2. 备用信用证的业务程序

备用信用证是一种特殊的信用证，因此，它的业务程序包括申请、开证、通知、付款等基本上与信用证的业务程序一致。

备用信用证和一般的跟单信用证一样，银行都承担第一付款责任，但两者还是有一定区别的。具体表现在：第一，跟单信用证通常只作为货物买卖的支付；而备用信用证不仅适用于货物买卖的支付，还适用于投标担保、还款担保等。第二，备用信用证的付款行凭受益人出具的证明开证人已经违约的证明书，承担付款责任；而跟单信用证付款行凭受益人提交符合信用证要求的货运单据付款。第三，备用信用证具备"备而不用"的性质，适用于开证人不履约；而跟单信用证适用于履约，受益人履行了信用证规定的条件，开证行即付款人。

（四）贷款承诺

贷款承诺是银行与借款人达成一种具有法律约束力的正式契约，银行在承诺期限之内履行对客户按商定的条件发放贷款的诺言。

1. 贷款承诺的基本类型

（1）定期贷款承诺。在定期贷款承诺下，借款人可以全部或部分地提用承诺金额，但仅能提用一次；如果借款人不能一次提用所承诺的全部资金，那么承诺实际就降至已提用的金额为止，贷款的期限通常与借款人提用承诺时承诺的剩余期一致。

（2）备用承诺。在备用承诺下，借款人可多次提用，一次提用部分贷款并不失去对剩余承诺在剩余有效期内的使用权力。然而，一旦借款人开始偿还贷款。尽管偿还发生在承诺到期之前，已偿还的部分就不能被再次提用。

（3）循环承诺。循环承诺就是借款人在承诺有效期内可多次提用，并且可反复使用已偿还的贷款，只要借款人在某一时刻使用的贷款不超过全部承诺额就可以了。

2. 贷款承诺的程序

（1）借款人向银行提出贷款承诺的申请。借款人向银行提出贷款承诺的申请必须提交正式书面的申请书，同时还要提交借款人详细的财务资料和生产经营状况资料，作为银行是否进行贷款承诺的依据。

（2）银行进行审查和审批。如果银行认为有进行承诺的可行性，就和借款人进行贷款承诺条件的协商，主要包括：承诺的类型、承诺的金额、承诺的期限、佣金率、偿还安排和保障条款等。

（3）银行和借款人签订贷款承诺协议书。银行和借款人对上述的承诺条件协商一致后，就必须签订正式的贷款承诺协议书，以明确规定双方的义务，保障双方的权利。

（4）借款人贷款资金的提用。借款人在承诺额度之内提用资金之前，必须在合同规定的时间内通知银行，以便银行能够及时地组织资金；银行必须在合同规定的时间内将资金划入借款人的存款账户，供借款人使用。

（5）归还借款本息和支付佣金。借款人必须按期缴纳佣金和支付贷款本息，并按合同规定按时偿还贷款本金。

3. 贷款承诺的定价

贷款承诺的定价的核心是佣金费率的确定。影响佣金费率的因素主要有：借款人的信用水平、经营状况、承诺期限的长短以及是否进行贷款的可能性大小等。佣金费率一般以年度贷款总额的 0.25%~0.75% 计算，最高不超过 1%。一般以未使用的承诺金额作为计费基础，根据收费的承诺期限和佣金费率计算总额的承诺佣金。

七、商业银行咨询顾问业务的操作规程

（一）商业银行咨询顾问业务概述

咨询顾问类业务是指银行应客户的要求，利用自己的知识、技术、信息和经验，运用科学方法和先进手段进行调查、分析和预测。客观公正地为客户提供经济和金融信息及情况，或对某个方面的决策提供一种或多种可供选择的优化方案的服务业务。

咨询顾问类业务主要针对企业，也有一些针对个人，如个人理财业务。银行开展咨询顾问业务拓展了银行的业务领域，增加了银行的收益，同时也有利于稳定银行的客源和争取新客户。我国商业银行从20世纪80年代起开始开展咨询顾问业务，目前各个银行的业务开展情况有一定差异，大银行提供的业务种类较多，且经验丰富，而小银行在这方面有些逊色。银行的咨询顾问业务分为无偿和有偿两类，以下介绍的大部分是有偿咨询顾问业务。

（二）商业银行的评估类信息咨询业务

评估类信息咨询业务主要包括验证企业注册资金、项目评估、企业信用等级评估等。

1. 验证企业注册资金

验证企业注册资金是由银行的咨询部门提供的，这项业务的开展事实上是在工商管理部门的委托下，对准备登记开业和已经登记开业的企业法人的自有资金数额的真实性和合法性进行核实和验证。银行的这项业务既包括对新办企事业单位、私营和个体工商企业登记注册资金的验证，也包括对老企业确认或变更注册资金的验证。

在该项业务中，银行需要验证两个方面。一是上述主体注册资金的真实性。注册资金必须实有和自有，任何借入资金不得视作自有资金。企业单位可以用技术、专利、商标等投资，但这些不能作为注册资金。二是验证注册资金来源的合法性。国有企业可用企业公积金和上级主管部门的拨款；集体企业可用公积金和生产发展基金；事业单位投办第三产业，原则上用自有资金，不得以任何形式动用当年经费和各项专用资金。

验证程序比较简单，银行客户申请验资并办理相关手续后，银行根据客户的账户信息和有关报表进行验证，最后出具验资证明。

2. 项目评估

项目评估包括市政工程项目、建筑项目、企事业单位和个人的各种固定资产投资项目、企业的技术改造项目等的评估。这些单位和个人作为委托人，银行作为受托人。银行进行项目评估既为政府、企事业单位和个人的投资决策提供了科学依据，同时也为银行自身的贷款发放提供了依据和保障。

银行进行工程项目评估时主要依据委托单位提供的咨询委托书、项目建议书和可行性研究报告等，运用系统工程和价值工程的理论和方法，通过大量的定量分析，对项目的技术设计、市场设计、经济效益等方面作出综合评价，得出定性结论。评估报告一般包括以下内容：项目概论，市场预测，技术和设计分析，投资计划、财务预算和财务效益分析，社会经济效益分析，不确定性分析，总结和建议。

工程项目评估的一般程序为：银行接受委托单位的委托书后，预审评估条件是否齐全完备；银行组织有关人员成立评估小组，进行评估；评估结束，结果形成评估报告，专家评审小组对评估报告进行最后审定；银行向委托单位送交评估报告。

3. 企业信用等级评估

企业在筹资等市场行为中往往需要事先得到一个信用等级评定，而且这个评定应该是由独立的机构做出。这个评定可以使企业在筹资时付出与其信用等级相应的成本代价，同时也是金融中介和投资者进行决策时的参考因素。信用评级可以由专门的信用评级机构进行，如国际有名的标准·普尔公司、穆迪公司，我国的大公、上海远东等公司，也可以由开展该项业务的商业银行进行。

商业银行在进行企业的信用评级时也是按照国际惯例，从企业的资金信用、经济效益、经营管理和发展前景等方面，将企业的信用等级分成 AAA、AA、A、BBB、BB、B、CCC、CC、C 共

9级。

银行进行信用评级的程序为：

（1）委托企业向银行提出申请并填写委托书，双方签订信用评级委托合同；

（2）银行组织评估小组，根据调查结果进行评估，写出评估报告；

（3）银行组织专家对评估报告进行评审，确定委托单位的信用等级；

（4）银行向委托单位颁发信用等级证书，并对委托单位予以跟踪监测，及时对其信用等级加以调整，信用等级证书的有效期为1年。

（三）商业银行的委托中介类信息咨询业务

委托中介类信息咨询业务主要包括技术贸易中介咨询、资信咨询、专项调查和委派常年咨询顾问等业务。

1. 技术贸易中介咨询

在开展技术贸易时，贸易双方，尤其是买方，需要寻求一些渠道来获得所需技术并对该技术产品有一个正确的认识，而银行可以充当这样一个中介，实事求是地评价和介绍技术项目，协助贸易双方审定技术内容、交易方式、交易价格等，协助双方签订交易合同，并督促双方履行合同条款。

实践中，银行的业务往往不仅仅是技术咨询，还包括参与技术开发和转让、参与技术服务和参与技术协作等。

银行在开展这些业务时，往往需要与有关科技部门、技术市场管理部门、科技咨询部门等密切协作或联合开展业务，甚至会聘请信息员，密切科技部门和生产部门的联系。

2. 资信咨询

资信咨询业务是开展该业务的机构接受委托人的委托，利用自己的信息资源和专业知识，向委托人提供其想知道的交易对方的资信情况的公正评价,如付款能力如何、经营前景如何等。这类交易对方可以是企业,也可以是个人。目前,提供这类咨询服务的机构很多,商业银行是其中之一。银行主要针对企业,通过提供企业的财务资料和对企业资信作出公正的评价,以满足银行客户在经营活动中了解交易对方信用情况的需要。

3. 专项调查咨询

该业务是指银行根据客户特定的目的和要求,在指定的范围内,运用银行的信息资源和专业力量,通过收集各种相关资料并加工整理,做出咨询报告,供客户决策时参考。

银行进行专项调查的内容主要有:行业和产品的供销现状、趋势,或供销中某一特定问题的调查;投产某个商品的市场销售、经济效益、资金需求等方面的调查;同行业、同产品对比;横向经济联合项目调查;补偿贸易的可行性调查;外汇行情、物价趋势的调查等。

4. 委托常年咨询顾问

银行的一些客户企业有时希望银行对其日常经营管理提供咨询,这时银行会委托某个群体或个人作为这个企业的常年顾问,经常或定期进驻该企业,全面深入地了解该企业的经营管理情况,关注其动态的发展变化,在此基础上为企业决策提出咨询意见和建议。

(四) 商业银行的综合信息类咨询业务

综合信息类咨询业务主要包括企业管理咨询、常年经济信息咨询等业务。

1. 企业管理咨询

银行根据企业的要求,委派专门的银行咨询人员,在调查研究的基础上运用科学的方法,对企业经营管理中存在的问题进行定性和定量分析,提出切合实际的改善企业管理状况的建议,并在实施过程中进行指导。这种咨询活动一般分综合管理咨询和专题管理咨询两类。综合管理咨询是指银行对企业经营管理全过程或经营方针进行咨询；专题管理咨询是对企业经营管理的某个方面或某个系统提供咨询，如组织机构设置、市场营销或新产品开发、成本管理等。

2. 常年经济信息咨询

常年经济信息咨询是指商业银行充分利用丰富的信息资源优势，通过提供信息资料、召开信息发布会和举办业务技术辅导讲座等形式，把各种金融信息、宏观经济信息、行业产品信息和有关政策、法规、制度等及时、准确地传播给银行客户和社会各界的活动。

（五）商业银行的投资银行业务

投资银行业务是指为企业提供财务咨询，担任投资顾问、企业上市顾问及资产管理、企业产权交易和重组并购等中介性服务的业务。这些业务属于高附加值的服务，可以给银行带来丰厚的收益。但这些业务是有别于传统银行业务的，所以在原则上仍实行金融分业经营的我国，商业银行从事投资银行业务在资格和业务范围上都有一定的限制，这类业务更多是由证券公司来从事。

第六部分　国际业务往来

一、国际业务往来概述

商业银行国际业务的发展，与世界经济和贸易的增长、国际经济关系的日益紧密，以及交通运输、邮电通信等的发展密切有关。应该说是经济贸易在全球范围的迅速发展，为商业银行开展国际业务创造了条件，金融创新以及国际资本的频繁流动，加速推动了商业银行的国际化进程。

国际业务往来又称国际银行业务，是指企业委托商业银行以外国货币为载体开展的业务。商业银行的国际业务起源于国际贸易的发生和发展，国际贸易融资是银行传统的国际业务。随着金融市场逐步完善并趋于一体化，以及先进技术被广泛应用，商业银行国际业务的发展空间得以拓展，国际业务往来已成为各企业和各商业银行寻求自身发展的重要手段。

二、金融业为企业提供的国际业务种类

（一）外汇买卖业务

外汇买卖是国际贸易和国际资本流动进行的必要条件，商业银行在外汇买卖过程中发挥着重要作用。商业银行的外汇买卖业务包括日常临柜的外汇买卖和国际金融市场上的外汇交易。商业银行为企业提供的外汇买卖品种多种多样，包括即期外汇交易、远期外汇交易、掉期交易、套利交易、套汇交易、外汇期货交易和外汇期权交易。我国商业银行的外汇买卖业务主要是代客买卖业务，即对企业公司客户的外汇买卖业务。目前，我国商业银行

经营的外汇买卖品种较为单一，主要有：即期外汇交易、远期外汇结售汇、择期外汇买卖、超远期外汇买卖、掉期外汇买卖、外汇期权和货币互换等衍生品种。自 2005 年 5 月 18 日起，我国银行间外汇市场正式推出了外币买卖业务，该业务是指在银行间外汇市场，通过电子交易与清算平台，为境内金融机构之间进行外币与外币的即期交易和清算所使用，并不涉及人民币和外币的交易。这项便利的推出意味着我国银行之间可以在我国银行间外汇市场进行外汇买卖业务。

（二）国际结算业务

国际的各种经济交易，必然引起国际的债权债务关系，用货币收付来清偿位于不同国家当事人之间的债权债务关系以及实现资金转移的行为被称为国际结算。国际结算是商业银行的一种中间业务，是商业银行国际业务的最主要内容之一。随着电子计算机技术和网络技术的不断发展，现在的国际结算主要采用非现金的形式，即国际债权债务人通过买卖各种类型的票据，把双方的债权债务关系转变为银行系统的债权债务关系，再通过银行发出通知收款或划账的指示来完成结算，即通过银行之间往来账户资金数额的记加记减来达到清偿和抵消债权债务的目的。很显然，国际结算能够达成依赖于以商业银行为中心的多边清算制度，而以商业银行为中心的国际多边清算还要具备两个条件：一是国际结算货币必须具备可自由兑换性，二是商业银行必须在国外设立分支机构或有代理行。国际结算的基本方式有：汇兑业务、托收业务和信用证业务。其中信用证业务是商业银行国际结算业务中规模最大的业务。国际结算的支付工具主要有汇票、本票和支票，其中使用频率最大的是汇票。

（三）国际贸易融资业务

国际贸易融资又称为进出口融资，是传统的商业银行国际业务。为了促进贸易的发展，银行通常要为客户提供融资便利。银行向客户融资,可以使客户有比较充足的资金进行贸易,也可以扩大银行的业务来源;同时通过贸易融资,银行也得到了利息收入。国际贸易融资业务主要包括短期国际贸易融资业务,指的是进口押汇、出口押汇、打包放款、票据承兑融资等。中长期国际贸易融资主要指的是出口信贷和进口信贷。目前,我国银行开展的国际贸易融资品种很多,除了上述提及的品种之外还包括提货担保、开证授信额度、出口信用保险下的贸易融资等融资形式。另外鉴于福费廷和保理业务的资金融通作用,二者也可以被归类为国际贸易融资业务。可以看出国际贸易融资业务的实质是基于贸易背景下的资金融通业务。

(四)国际借贷业务

国际借贷业务是商业银行向国外客户开展的跨国贷款业务。国际借贷业务在国际金融市场上进行,借款者包括各国政府、大工商企业、国际机构、大银行等。一般来说,每笔国际借款的数额巨大,因而贷款风险也大,一家银行不能或不愿单独满足贷款者要求,因此,国际借贷通常采用国际银团的方式进行。国际借贷业务,根据借款人的身份不同可以分为国际银行间的借贷业务、国际银行对企业的借贷业务和国际银行的政府借贷业务。根据放款的规模和参与放款的银行的多少,可以把国际借贷业务分为单一银行放款业务、参与放款业务和国际银团贷款业务

(五)欧洲货币市场业务

欧洲货币市场又称"离岸金融市场",是指同市场所在国的国内金融体系相分离,既不受所使用货币发行国政府法令管制,又不受市场所在国政府法令管制的金融市场。它是一种新型的国际金融市场,形成于20世纪50年代,于60年代中期以后迅速发展起来。目前,欧洲货币市场已成为国际金融市场的核心。需要注意的是,"欧洲"一词不是一个地理概念,而是"外国"的意思。例如,欧洲美元是指在美国之外其他国家或地区流通、借

贷的美元；欧洲瑞士法郎则是指在瑞士之外其他国家或地区流通、借贷的瑞士法郎。随着欧洲货币市场的不断发展，欧洲中长期信贷、离岸银团贷款等商业银行国际业务也得到迅猛发展。

三、企业应如何选择国际业务银行

（一）有完善的国际业务组织机构

办理国际业务的商业银行，必须建立完善的国际业务组织机构，如在商业银行内部设立国际业务部，在国外设立分支机构或有代理行、合资银行等。这样的商业银行可以通过多种形式开展国际业务。

（二）应具有防范风险的能力

商业银行在国际范围内开展业务，可能招致许多风险，因此，开展国际业务的商业银行，应有能力对国际业务和国内业务的风险进行统筹管理，在国际范围内，更大限度地利用各种金融工具和业务，提高防范风险的水平和盈利水平。应对国际业务特有的风险，如汇率风险、国家风险、政治风险等予以特别关注，注重对国际业务风险特殊性的管理。

（三）开展国际业务的范围广泛

目前企业所需办理的国际业务种类繁多，主要包括：国际结算、贸易融资、国际贷款、国际筹资、外汇买卖和国际担保等。在办理这些业务中，有些银行分支机构只能受理部分国际业务，而对有些国际业务只能委托他行代理代转等，这在一定程度上会影响国际业务往来的及时性，从而影响到资金的周转速度。因此，企业在选择国际业务银行时，应选择可以受理多种国际业务的银行。

（四）开展国际业务的能力和实力

现如今，国际资本流动自由化程度不断加大，发达国家的资本扩张加剧，如果一家商业银行经营国际业务的能力太差，难以承受国际资本的冲击，容易使本国的经济和金融市场产生较大的金融风险。商业银行如果办理国际业务的技术先进、安全性高、速度快捷，业务处理质量高，不仅便利跨国资金流动，同时也能增加商业银行的竞争力，体现商业银行的实力。在提供的国际业务种类和其他条件相同或相差不远的情况下，企业应选择实力雄厚、信誉好的银行，使企业的国际业务往来资金处于相对安全的地位。由于国际业务与加快资金周转密不可分，企业在选择国际业务银行时，应把能否在其需要时及时办理业务作为一个重要条件。

(五) 业务服务优质，员工形象良好

不同的银行对国际业务所提供的服务等有所不同。企业在国际业务银行的选择上，也应关注所提供的服务，是否热情周到，是否方便快捷。那些国际业务服务健全和多样化的银行能大大提高竞争能力，一家银行所提供的国际业务种类越完备，服务项目越齐全，服务质量越高，就越能吸引企业办理国际业务。

企业在选择国际业务银行时，也应更多地考虑有良好形象的银行，同时，银行员工的形象也会对企业选择国际业务银行产生影响。高效、礼貌、热忱的员工体现着该行具有良好的管理素质和经营素质，表明这样的银行能确保国际业务的快捷、安全、准确、及时，企业会更多的将国际业务交予这样的银行办理。

四、国际结算业务的处理程序和方法

国际的经济交往、文化交流等都会在不同国家之间产生债权债务，这些债权债务的清偿都需要国际结算来完成。在国际结算中。由于擅长处理货币收付和兑换、在国外有大量的分支机构和代理行等原因，商业银行成为全球国际结算的中心。由此，国际结算业务也就成为商业银行一项重要的国际业务。

（一）国际结算的含义和内容

1. 国际结算是国际清偿债权、债务的货币收付行为，是以货币收付来清偿；国与国之间因经济文化交流、政策性事务性的交流所产生的债权债务。国际结算的目的是以有效的方式和手段来实现国际以货币表现的债权债务的清偿。

2. 国际结算的内容。

根据不同的收付原因，国际结算的内容可划分为三类：有形贸易类、无形贸易类和金融交易类。

（1）有形贸易类，即为有形商品交易。

（2）无形贸易类，即是以劳务为背景的仅仅是单方面的付出，它主要包括国际旅游、国外亲友赠款、出国留学、对国外的捐助及劳务输出等。

（3）金融交易类，即为纯粹的货币交易，主要包括外汇买卖、对外投资和对外筹资等。

（二）国际结算工具

目前，国际结算使用支付工具并通过相互抵账的办法来结算国内外的债权债务关系。这种支付工具一般是票据。国际结算中广泛使用的票据包括汇票、本票、支票三大类，以使用汇票为主。

1. 汇票

汇票是由一人向另一人签发的书面无条件支付命令，要求对方即期或定期或在可以确定的将来时间，向某人或指定人或持票人支付一定金额。由此，一张汇票必须具有三个基本当事人：出票人、付款人、收款人。

汇票是一种要式证券。出票人在制作汇票时，必须使汇票具备必要的形式和内容，否则汇票不产生任何票据效力。根据《日内瓦统一法》的规定，汇票上必须标明明确票据类型的字样。汇票作为一种体现债权债务关系的有价证券，必须载有无条件支付命令。汇票收款人又称汇票抬头，分限制性抬头、指示性抬头、持票人抬头三种。汇票金额由阿拉伯小写数字和文字大写数字来体现，二者必须相符。汇票付款到期日分为见票付款、定日付款、出票日后定期付款、见票后定期付款、延期付款等，另外，汇票还必须有出票日期及地点、出票人签字等要件方能生效。

汇票从不同的角度划分，可分为若干类型：

（1）按出票人的不同可分为银行汇票、商业汇票。

银行汇票是出票人和付款人均为银行的汇票。

商业汇票是出票人为企业法人、公司、商号或者个人，付款人为其他商号、个人或者银行的汇票。

（2）按有无附属单据可分为光票汇票、跟单汇票。

光票汇票本身不附带货运单据，银行汇票多为光票。

跟单汇票又称信用汇票、押汇汇票，是需要附带提单、仓单、保险单、装箱单、商业发票等单据，才能进行付款的汇票，商业汇票多为跟单汇票，在国际贸易中经常使用。

（3）按付款时间的不同可分为即期汇票、远期汇票。

即期汇票指持票人向付款人提示后对方立即付款，又称见票即付汇票。

远期汇票是在出票一定期限后或特定日期付款。在远期汇票中，记载一定的日期为到期日，于到期日付款的，为定期汇票；记载于出票日后一定期间付款的，为计期汇票；记载见票后一定期间付款的，为注期汇票；将票面金额划为几份，并分别指定到期日的，为分期付款汇票。

（4）按承兑人的不同可分为商业承兑汇票、银行承兑汇票。

商业承兑汇票是以银行以外的任何单位为承兑人的远期汇票。

银行承兑汇票是指承兑人是银行的远期汇票。

（5）按流通地域的不同可分为国内汇票、国际汇票。

汇票的流通使用要经过出票、承兑、背书、付款、拒付和追索等一系列法定程序。如果汇票遭到拒付，持票人可做成拒付证书，依法行使追索权。

2. 本票

本票是一人向另一人签发的，保证即期或在可以预料的将来时间，由自己无条件支付给持票人一定金额的票据。本票的当事人只有出票人和收款人，出票人即为付款人，故本票无须承兑。这是本票与汇票的根本区别。

同汇票一样，本票的制作人也必须依据有关票据法的规定，使本票具备必要的形式和内容。本票须标明"本票"字样，须有出票人姓名及其签字，须载明收款人姓名，要注明金额、付款期限、出票日期与地点，载明付款地点，并特别写明无条件的支付承诺。

本票又可分为商业本票和银行本票。商业本票是由工商企业或个人签发的本票，也称为一般本票，可分为即期和远期的。商业本票一般不具备再贴现条件，特别是中小企业开出的远期本票，因信用保证不高，因此很难流通。银行本票是由银行签发的，都是即期的。在国际贸易结算中使用的本票大多是银行本票。

3. 支票

支票是银行为付款人的即期汇票。具体说就是出票人（银行存款人）对银行（受票人）签发的，要求银行见票时立即付款的票据。根据《日内瓦统一法》的规定，支票必须具备以下必要项目：标明"支票"字样；无条件支付命令；出票人名称及其签字；一定金额、出票日期及出票地点；付款银行名称及地点；标明"即期"字样，若未标明，仍被视为见票即付；收款人或其他指定人。出票人签发支票时，应在付款银行存有不低于票面金额的存款。如果存款不足，持票人提示会被拒付，这种支票称为空头支票。开出空头支票的出票人要负法律责任。

国际上，支票一般有以下类型：

（1）记名支票，出票人在收款人栏目中注明"付给某人"、"付给某人或其指定人"。这种支票转让流通时，须由持票人背书，取款时须由收款人在背面签字。

（2）不记名支票，又称空白支票，抬头一栏注明"付给来人"。这种支票无须背书即可转让，取款时也无须在背面签字。

（3）划线支票，在支票的票面上划两条平行线的横向线条，此种支票的持票人不能提取现金，只能委托银行收款入账。

（4）保付支票，为了避免出票人开空头支票，收款人或持票人可以要求付款行在支票上加盖"保付"印记，以保证到时一定能得到银行付款。

（5）转账支票，发票人或持票人在普通支票上载明"转账支付"，以对付银行在支付上加以限制。

（三）国际结算基本方式

国际结算基本方式包括信用证结算方式、汇付和托收结算方式、银行保证函、各种结算方式的结合使用。

1. 信用证结算

信用证方式是银行信用介入国际货物买卖价款结算的产物。它的出现不仅在一定程度上解决了买卖双方之间互不信任的矛盾，而且还能使双方在使用信用证结算货款的过程中获得银行资金融通的便利，从而促进了国际贸易的发展。因此，被广泛应用于国际贸易之中，以至成为当今国际贸易中的一种主要的结算方式。

信用证是银行做出的有条件的付款承诺，即银行根据开证申请人的请求和指示，向受益人开具的有一定金额、并在一定期限内凭规定的单据承诺付款的书面文件；或者是银行在规定金额、日期和单据的条件下，愿代开证申请人承购受益人汇票的保证书。信用证属于银行信用，采用的是逆汇法。

信用证有三个最基本的特点。首先，信用证是一种银行信用。只要单据符合信用证规定，开证行就必须对受益人承担第一付款人的责任。其次，信用证是一项独立的文件。虽然信用证是银行以买卖双方签订的贸易合同为依据，但信用证一旦开立，就不受贸易合同条款的约束，开证行只对信用证负责。最后，信用证处理中只认单据，不认商品，只要单据符合信用证规定，开证行就必须履行付款的责任。

(1) 信用证项下出口业务的处理

信用证项下的出口结算，是指出口公司根据国外进口商通过国外银行开来的信用证，按信用证规定条款办妥出口业务后，将出口单据送交国外开户银行，由银行审单议付，并在向国外进口商开户银行收取外汇后，向国内出口公司办理结汇的一种结算方式。

信用证项下的出口结算的处理主要包括信用证的受证与通知、交单议付和收汇与结汇三个环节。

第一环节：受证与通知

我外汇银行收到国外银行开来的信用证，除应严格核对印鉴或密押外，还需重点审查信用证中有无歧视性条款或文句，收汇是否安全，索汇线路是否符合快速收汇原则。审查无误后，编列信用证通知流水号，办理信用证通知手续，将正本信用证及时通知出口公司。根据信用证底联制作"国外开来保证凭信记录卡"，并进行表外处理：

收入：国外开来保证凭信

若接到开证行通知要求修改信用证金额，应按增减金额调整"国外开来保证凭信"表外科目的余额。

第二环节：交单议付

银行接到出口公司交来的全套单据议付时，按信用证规定的条款和要求审单，以保证及时安全收汇。开证行履行付款是以信用证的条款为依据，以单证相符、单单相符为前提的。

银行审单无误后，编制"出口审单议付通知书"，随同全套出口单据寄往开证行收取货款和有关费用。出口审单议付通知书是议付行出口收汇的证书，也是办理收汇结算的主要核算凭证。

议付行将出口审单议付通知书寄出后；即对开证行拥有收取款的权利，是一笔或有资产，同时对国内出口公司也承担了付款的责任，是一笔或有负债。开证行应通过表外科目处理。

第三环节：收汇与结汇

收汇是我国出口方银行向我国港澳地区或国外联行及代理行收取出口外汇资金的行为。结汇是议付收妥出口货款后，按规定牌价买入外汇，并折算成相应的人民币支付给出口商，以清算代收的出口外汇。信用证项下出口收汇方式有两类：一类是通过我国银行在境外联行或代理行所开立的自由外汇账户收汇，主要有收妥结汇、定期结汇和远期信用证到期结汇三种形式；另一类是通过境外联行或代理行在我国的总行开立的国内外或外汇人民币账户收汇，主要有我国银行验单主动借记、单到国外授权借记和远期信用证到期结汇三种形式。收妥结汇时，先销记表外科目，然后进行如下账务处理。

银行的账务处理为：借：存放同业（或有关账户）　外币
　　　　　　　　　　贷：手续费及佣金收入　外币
　　　　　　　　　　　货币兑换　外币
同时：借：货币兑换（汇买价）　人民币
　　　　　贷：吸收存款　人民币
同时核销或有资产、或有负债科目。
企业的账务处理为：借：银行存款　人民币
　　　　　　　　　　贷：有关账户　人民币

(2) 信用证项下进口业务的处理

信用证项下进口业务是指银行根据进出口公司申请,向国外出口商开立信用证或信用证保证书,凭国外银行寄来的全套信用证单据,按照信用证条款规定对外付款并向进口商办理结汇的一种结算方式。

信用证项下的进口结算的业务处理主要包括开立信用证、信用证修改以及审单付款三个环节。

第一环节:开立信用证

进口公司在与国外出口商签订贸易合同后,根据合同条款填写"开证申请书",向银行申请开证。银行接受进口单位提交的开户申请书、进口批文后,应认真审核才能开出信用证,一般应向进口单位收取保证金。信用证一旦开出,开证行对议付行即负有到期付款的责任,同时开证行也拥有向进口单位收回货款的权利。相关处理为:

收取保证金时:

银行的账务处理为:借:吸收存款　人民币

　　　　　　　　　贷:货币兑换　人民币

同时:借:货币兑换　外币

　　　贷:存入保证金　外币

企业的账务处理为:借:有关账户　人民币

　　　　　　　　　贷:银行存款　人民币

第二环节:信用证修改

银行开立信用证后,进口商如需要修改信用证,应向银行提出申请,银行应认真审核。经审核同意后,应及时通知国外联行或代理行信用证修改的金额。

信用证修改如果涉及增减信用证金额,应通过"开往国外保证凭信"表外科目处理,并根据要求增加或减少保证金;如因较少信用证金额需要退还保证金,应在信用证修改书发出若干天

(通常为30天)国外尚无拒收表示时,方可退还部分保证金。

第三环节:审单付款

开证行收到国外议付行寄来信用证项下全套进口单据,应先审查并编号,同时填制"进口信用证单据通知书",连同单据送进口商审查。进口商在7个工作日内审核单据,并向银行提交承付货款确认书,通知银行付款或提出拒付。

银行的账务处理为:借:吸收存款　外币

　　　　　　　　　　　存入保证金　外币

　　　　　　　　　贷:存放同业　外币

企业的账务处理为:借:有关账户　外币

　　　　　　　　　贷:银行存款　外币

2. 汇兑结算

汇兑是国际贸易中常用的货款结算方式。汇兑又称汇款、汇付,是付款人通过银行,使用各种结算工具将货款汇交收款人的一种结算方式。汇兑属于商业信用,采用顺汇法。在国际贸易结算中,该方式主要用于支付贸易从属费用或某些先款后货的非贸易结算,单位或个人均可委托银行办理。

汇兑业务涉及的当事人有四个:付款人、收款人、汇出行和汇入行。其中付款人与汇出行之间订有合约关系,汇出行与汇入行之间订有代理合约关系。

在办理汇兑业务时,需要由汇款人向汇出行填交汇款申请书,汇出行有义务根据汇款申请书的指示向汇入行发出付款书;汇入行收到委托书后,有义务向收款人(通常为出口人)解付货款。但汇出行和汇入行对不属于自身过失而造成的损失不承担责任,而且汇出行对汇入行工作上的过失也不承担责任。

(1)汇出国外汇款

汇兑按其信息传递方式不同,可分为电汇、信汇和票汇三种。

电汇或信汇的处理：

由汇款人填交一式两联汇款申请书，提交银行办理汇款手续。

银行的账务处理为：借：吸收存款　外币
　　　　　　　　　　贷：存放同业　外币
　　　　　　　　　　　　手续费及佣金收入　外币

企业的账务处理为：借：有关账户
　　　　　　　　　　贷：银行存款

票汇的处理：

银行审核汇款人填写的"汇出汇款申请书"无误且汇款金额到账后，汇出行即可向汇款人开出一式五联票汇凭证办理转账。

银行的账务处理为：借：吸收存款　外币
　　　　　　　　　　贷：清算资金往来　外币
　　　　　　　　　　　　手续费及佣金收入　外币

企业的账务处理为：借：有关账户　外币
　　　　　　　　　　贷：银行存款　外币

当收到国外汇入行解付票汇款后，银行的相关账务处理为：
　　借：清算资金往来　外币
　　贷：存放同业　外币

（2）汇入国外汇款

汇款的通知和转账：

汇入行收到国外汇出行的汇款电报、信汇委托书或票汇通知书，认真审查无误后，对电汇、信汇方式，应填制汇款通知书，通知收款人，票汇只需等候收款人。

银行的账务处理为：借：存放同业　外币
　　　　　　　　　　贷：清算资金往来　外币

汇款解付时：

收款人有现汇账户时，其处理方法为：
银行的账务处理为：借：清算资金往来　外币
　　　　　　　　　贷：吸收存款　外币
企业的账务处理为：借：银行存款　外币
　　　　　　　　　贷：有关账户　外币
收款人无现汇账户时，通过人民币结汇后解付。
银行的账务处理为：借：清算资金往来　外币
　　　　　　　　　贷：货币兑换　外币
同时：借：货币兑换　人民币
　　　贷：吸收存款　人民币
企业的账务处理为：借：银行存款　人民币
　　　　　　　　　贷：有关账户　人民币

3. 托收与代收结算

托收是出口人在货物装运后，开具以进口方为付款人的汇款人的汇票（随附或不随附货运单据），委托出口地银行向国外进口商收取货款的一种结算方式。托收属于商业信用，采用的是逆汇法。所谓代收，是进口商银行收到国外出口商银行寄来的委托代收单据，向进口商收取款项并划转国外出口商银行的一种结算方式。托收和代收其实是同一笔贸易业务的两个方面，就出口方银行来说为出口托收，就进口方银行来说为进口代收。

托收方式的当事人有委托人、托收行、代收行和付款人。委托人，即开出汇票委托银行向国外付款人代收货款的人，也称为出票人，通常为出口人；托收行，即接受委托人的委托代收款人办理托收的银行；代收行，即接受托收行的委托向付款人收取货款的进出口地银行；付款人，汇票上的付款人即托收的付款人，通常为进口人。

上述当事人中，委托人与托收行之间、托收行与代收行之间都是委托代理关系，付款人与代收行之间则不存在任何法律关系，付款人是根据买卖合同付款的。所以，委托人能否收到货款，完全视进口人的信誉好坏，代收行与托收行均不承担责任。

根据汇票是否附有出口货物单证，托收可分为光票托收和跟单托收两种方式。光票托收是指汇票不附带货运单据的托收方式。跟单托收是指汇票连同货运单据一起交银行委托代收。跟单托收按交单的条件不同，分为付款交单和承兑交单两种方式。付款交单是指被委托的代理银行必须在进口商付清票款之后，才能将货运单据交给进口商的一种方式。承兑交单是指被委托的代收银行于付款人承兑汇票之后，将货运单据交给付款人，付款人在汇票到期时履行付款义务的一种方式。

在办理托收业务时，委托人要向托收行递交一份托收委托书，在该委托书中做出各种指示，托收行以至代收行均按照委托的指示向付款人代收货款。

（1）出口托收的处理

发出托收单据时：

出口商填制一式两联出口托收申请书，与全套出口单据一起交银行办理托收。银行审单无误后，编列顺序号，填制"出口托收委托书"，寄国外代收银行委托收款。发出托收单据时，不涉及表内核算，只作表外科目处理。

收妥结汇时：

出口托收款项一律实行收妥结汇。当我国外汇银行收到国外银行贷记报单或授权借记通知书后，对委托人办理结汇账务处理。

银行的账务处理为：借：存放同业　外币
　　　　　　　　　　　贷：货币兑换　外币

同时：借：货币兑换　人民币
　　　　　贷：吸收存款　人民币

同时作转销表外科目的处理。

收款企业的账务处理为：借：银行存款　人民币
　　　　　　　　　　　　贷：有关账户　人民币
（2）进口代收的处理
收到进口代收单据时：
我国外汇银行收到国外行寄来的进口代收单据后，应编制顺序号，填制"进口代收单据通知书"只作表外科目处理。
进口单位确认付款时：
在进口单位确认付款并交来进口代收单据承认书后，我国外汇银行应办理结汇付款手续。
银行的账务处理为：借：吸收存款　人民币
　　　　　　　　　贷：货币兑换　人民币
　　　　　　　　　借：货币兑换　外币
　　　　　　　　　贷：存放同业　外币
同时转销表外科目。
付款企业的账务处理：借：有关账户　人民币
　　　　　　　　　　贷：银行存款　人民币
（3）拒付并退单
如进口单位不同意承付，应提出拒付理由，连同单据退交我国外汇银行，转告国外委托行；如部分拒付，应征得国外委托行同意后再按实际金额付款。拒付时应转销表外科目。

4. 银行保证函

银行保证函，又称银行保证书、银行保函或简称保函，它是指银行应委托人的申请向受益人开立的一种书面凭证，保证申请人按规定履行合同，否则由银行负责偿付货款。

（四）各种结算方式的结合使用

在国际贸易业务中，一笔交易的货款结算，可以只使用一种结算方式，也可根据需要，例如针对不同的交易商品，不同的交易对象，不同的交易做法，将两种以上结算方式结合使用，或有利于促成交易，或有利于安全及时收汇，或有利于妥善处理付汇。常见的不同结算使用的形式有：信用证与汇付结合、信用证与托收结合、汇付与银行保函或信用证结合。

1. 信用证与汇付结合

这是指一笔交易的货款，部分用信用证方式支付，余款用汇付方式结算。这种结算方式的结合形式常用于允许其交货数量有一定机动幅度的某些初级产品的交易。对此，经双方同意，信用证规定凭装运单据先付发票金额或在货物发运前预付金额若干成，余额待货到目的地后或经再检验的实际数量用汇付方式支付以及按信用证支付金额的比例支付。

2. 信用证与托收结合

这是指一笔交易的货款，部分用信用证方式支付，余额用托收方式结算。这种结合形式的具体做法通常是：信用证规定受益人（出口人）开立两张汇票，属于信用证项下的部分货款凭光票支付，而其余额则将货运单据附在托收的汇票项下，按即期或远期付款交单方式托收。这种做法，对出口人收汇较为安全，对进口人可减少垫金，易为双方接受。但信用证必须订明信用证的种类和支付金额以及托收方式的种类，也必须订明"在全部付清发票金额后方可交单"的条款。

3. 汇付与银行保函或信用证结合

汇付与银行保函或信用证结合使用的形式常用于成套设备、大型机械和大型交通运输工具（飞机、船舶等）等货款的结算。这类产品，交易金额大，生产周期长，往往要求买方以汇付方式预付部分货款或定金，其余大部分货款则由买方按信用证规定或开加保函分期付款或迟期付款。

此外，还有汇付与托收结合、托收与备用信用证或银行保函结合等形式。在开展对外经济贸易业务时，究竟选择哪一种结合形式，可酌情而定。

五、外汇买卖业务的处理程序和方法

(一) 外汇与外汇买卖的概念

外汇是以外国货币表示的用于国际结算的各种信用工具和支付手段。一切存在外国银行的外币存款、外币票据、在国外能够得到偿付的各种外币支付凭证、外币股票、外币债券和可以用于清偿国际债务的其他外币资产以及可以自由兑换的外国钞票、统称为外汇。

外汇买卖也称外汇交易,它是指持有外汇的债权人按一定的价格将其外汇出售换取本币,或需要清偿外币的债务人按一定的价格用本币买进外币或用一种外币兑换另一种外币的过程。商业银行外汇买卖的形式分为两种,即为客户买卖和为自己买卖。

(二) 外汇买卖市场

外汇买卖市场是由外汇需求者与外汇供给者以及买卖的中介机构所构成的场所或交易网络。外汇买卖市场的组织形式有两种:一种是抽象的市场,即没有交易场所,所有买卖都由通过连接银行与外汇经纪人的电话、电报、电传以及其他通信工具所组成的网络进行;另一种外汇买卖市场是有形的、具体的交易场所,参加外汇买卖的各方在每个营业日的规定时间内到交易所进行买卖。

外汇买卖市场由主体和客体构成,客体即外汇市场的交易对象,主要是各种可自由兑换的外国货币、外汇有价证券及支付凭证等。外汇市场的主体,即外汇市场的参与者,主要包括中央银行、经营外汇业务的各种金融机构、外汇交易商、外汇经纪商、外汇进出口商及外汇投机者。

(三) 外汇买卖价格

外汇买卖价格就是汇率。汇率又称为汇价或外汇行市,是指以某国一定量货币交换另一国一定量的货币的比率。从理论上

讲，两国货币的交换比率是由两国货币所包含的价值或所代表的价值决定的，但在实际交换中，要受两国货币的供求情况影响。

外汇汇率的标价方法有直接标价法和间接标价法。直接标价法是将一定单位的外国货币表示为若干单位的本国货币。这种标价法是外国货币的数额不变，折合本国货币的数额则随着外国货币与本国货币的币值对比变化和两种货币的供求状况而变动。间接标价法是将一定单位的本国货币表示为若干单位的外国货币。

从银行买卖外汇的角度来区分，外汇买卖价格有买入价和卖出价。买入价亦称买入汇率，是银行向客户或同业买入外汇时所使用的价格。采用直接标价法时，外币折合本币数较少的那个价格是买入价；采用间接标价法时，外币折合本币数较多的那个价格是买入价。卖出价亦称卖出汇率，是银行向客户或同业卖出外汇时所使用的价格。采用直接标价法时，外币折合本币数较多的那个价格是卖出价；采用间接标价法时，外币折合本币数较少的那个价格是卖出价。

以外汇买卖后资金交割的时间来区分，外汇买卖价格有即期价格和远期价格。即期价格亦称即期汇率，是指外汇买卖成交后，在两个营业日内进行资金交割的价格。远期价格亦称远期汇率，是指外汇买卖的双方约定在将来的某个时间进行交割，而事先签订一个合约，达成协议的价格。远期价格是在即期价格的基础上加、减升水或贴水而制定出来的。升水表示远期价格比即期价格高，贴水表示远期价格比即期价格低。

（四）外汇买卖方式

1. 即期外汇买卖

即期外汇买卖又称现汇买卖，它是指在交易成交后于第二个营业日内进行清算交割的一种外币买卖业务活动。所谓"第二个营业日"即成交后的第二天。交割的日期应当是成交双方国家银行的营业时间，如遇银行的节假日，则交割日期顺延。在成交后的第二个营业日内进行清算交割，是就世界主要外汇市场，如伦敦、纽约、法兰克福、巴黎的交易清算期而言的。而在另一些地区，则不尽相同。

2. 远期外汇买卖

远期外汇买卖是指银行和客户进行外汇买卖时，双方事先约定交易的货币、数额和汇价，在将来的某个时间再进行实际交割的一种外汇业务。远期外汇买卖的期限一般为1个月、2个月、3个月、6个月、12个月、18个月，其中最常见的是3个月。在少数情况下，有些客户出于特殊需要，会要求银行订立一些特殊日期或带零头日期的远期交易，如45天、54天等。这种买卖由于在市场上不具有普遍性，也会给银行的头寸抛补带来不便，因此银行虽可承做，但要由交易员与客户个别协商买卖价格，一般应比正常远期汇率稍高。远期外汇合约一经签订，双方即必须依期履约，不能有任何违约。买卖远期外汇的主要目的是为了避免或减轻因外汇价格波动造成的风险。

3. 择期远期外汇买卖

择期远期外汇买卖实际上也属于远期外汇买卖，只是其交割日未定。远期外汇买卖的交割日在合约中确定下来，买卖双方须按时交割，不得提前或延迟，银行同业间的远期外汇买卖多属于此。而择期远期外汇买卖则主要是银行对客户尤其是对进出口商的远期外汇买卖。它是指买方或卖方有权选择在远期合同到期前的时期内的任何日期进行一次或分次交割。

在确定择期远期交易的汇率时，由于客户有权在约定的期限内的任何一天按约定的汇率进行交割，所以有两种极端情况：一是客户可以在择期的第一天进行交割；二是可以在择期的最后一天进行交割。这两种情况可能给银行带来很不相同的外汇风险，尤其是择期的期限较长时。因此，银行在进行择期远期外汇买卖报价时，必须考虑到外汇交割可能在最不利于银行的情况下进行，从而必须报出对自身最有利（对客户最不利）的汇价，也就是择期的第一天或是最后一天的远期汇价。

4. 掉期买卖

掉期买卖实际上是即期买卖与远期买卖的综合，是在买进或卖出某种货币的同时，再卖出或买进同等金额的同种货币，但二者的交割日不同。由于同时买卖、且数额相同，所以掉期交易不会改变交易者的外汇持有额即外汇头寸，但是买进卖出期限上有所不同，因此交易的结果导致交易者持有外汇的期限发生了变化，这正是"掉期"的含义所在。掉期交易最常见的是即期交易对远期交易。掉期交易的产生是基于保值与获利的目的。

5. 套汇交易

套汇是指利用两个或两个以上外汇市场某些货币在汇率上的差异而进行外汇买卖，从中套取差价利润的交易。一般情况下，各大外汇市场（如伦敦、纽约、东京、香港等）的汇率变动是非常接近的，但有时不同外汇市场的汇率在短暂时间内也会出现较大的差异，这就给套汇交易带来了可能。一方面在汇率低的市场买进，另一方面在汇率高的市场卖出，从而获取套汇利润。

套汇分为直接套汇和间接套汇。直接套汇是银行利用两个地区汇率的差异，在一个地区卖出，又在一个地区买入同一种货币，由此赚取收益的一种套汇业务。间接套汇又称三角套汇，它是指在三个外汇市场存在汇率差异的情况下，银行在三个市场间调拨资金买入和卖出外汇，从中赚取利润收入。从事间接套汇前，首先要判断是否有利可图，其方法是：以一个单位的某国货币作为基准计算应收若干外国货币，其应收货币的连乘积如是1，则表明各市场上的汇率没有差异，套汇将无利可图；如果连乘积不是1，则表示它们的汇率有差异，通过套汇可获得利润。

（五）外汇买卖的具体处理方法

1. 买入外汇

买入外汇即结汇，是指境内企业单位按国家外汇政策的规定，将各类外汇收入按银行挂牌汇率结售给外汇指定行。银行买入外汇或外币现钞，应支付人民币。即外汇指定银行买入外币现汇（或现钞）时，应根据兑入的外币金额并按该外币现汇或外币现钞买入价折算成人民币金额。

银行的账务处理为：借：××科目　外币
　　　　　　　　　　贷：货币兑换　外币
　　　　　　　　　　借：货币兑换　人民币
　　　　　　　　　　贷：吸收存款　人民币

企业的账务处理为：借：银行存款　人民币
　　　　　　　　　　贷：有关账户　人民币

2. 卖出外汇

卖出外汇即售汇，是指境内企业单位持有效凭证，用人民币到外汇指定银行办理兑换外汇。卖出外汇是银行卖出外汇或外币现钞，收入人民币。即外汇指定银行卖出外汇时，应将人民币按卖出外汇价折算外币。

银行的账务处理为：借：吸收存款　人民币
　　　　　　　　　　贷：货币兑换　人民币
　　　　　　　　　　借：货币兑换　外币
　　　　　　　　　　贷：××科目　外币

企业的账务处理为：借：有关账户　人民币
　　　　　　　　　　贷：银行存款　人民币

3. 套汇

套汇是指外汇指定银行按挂牌人民币汇率，把一种外汇通过人民币折算，兑换成另一种外汇的业务活动。如企业要向美国某公司汇进口货款，从其港币存款户支付港币，购买美元后对外付汇。两种不同外币之间没有直接比价。一种外汇要兑换成另一种外汇,均需通过人民币折算。即买入的一种外币,按该种外币买入价折合成人民币,然后将折合的人民币数额以另一种外币的卖出价套算出另一种外币的金额。套汇包括两种情况:一是把一种外汇兑换成另一种外汇,二是同种外币的现钞与现汇互相兑换。

(1) 买入 A 种外汇

银行的账务处理为:借:吸收存款 A 种　外币

　　　　　　　　　　贷:货币兑换 A 种　外币

企业的账务处理为:借:有关账户 A 种　外币

　　　　　　　　　　贷:银行存款 A 种　外币

(2) 通过人民币套换

银行的账务处理为:借:货币兑换　人民币

　　　　　　　　　　贷:货币兑换　人民币

(3) 卖出 B 种外汇

银行的账务处理为:借:货币兑换 B 种　外币

　　　　　　　　　　贷:存放同业 B 种　外币

六、外汇存款业务的处理程序和方法

外汇存款是银行以信用方式吸收的自由兑换或在国际上获得偿付的外币资金存款。外汇存款是银行信贷资金的重要组成部分,是办理涉外转账结算的前提。因此,正确有序地组织外汇存款业务,可以吸收更多的外汇资金,这不仅有利于充实外汇信贷资金来源,而且也有利于扩大我国外贸进出口业务和加强我国与世界各国和地区的经济合作与交流。

(一) 外汇存款的种类

为适应各种外汇款项所有者的不同需要,银行根据不同的存款对象、外币种类、存款性质、管理需要和银行可以运用的程

度，对外汇存款进行相应的分类。

1. 外汇存款按存入的资金形式不同，分为现汇户和现钞户。目前，企业单位外汇存款均为现汇户。现汇户可直接支取汇出，现钞户须经过钞买汇卖处理方可支取汇出，现钞户可直接支取现钞。

2. 外汇存款按存款期限不同，分为定期外币存款和活期外币存款。

3. 外汇存款按支取方式不同，活期存款分为支票户和存折户存款。

4. 外汇存款按存款对象及管理特点不同，分为单位外汇存款和个人外汇存款。单位外汇存款是存款者以单位或经济组织的名义存入银行的外汇。个人外汇存款是存款者以个人名义存入银行的外汇存款。单位外汇存款包括甲种外币存款以及外债专户存款，个人外汇存款包括乙种、丙种外汇存款。

（二）外汇存款业务的处理

1. 存入款项

存入外汇存款时，由存款人填写开户申请书，可预留签字或印鉴。活期存款分存折户和支票户，存折户在初次存入时发给存折，以后存取凭存折办理。单位定期存款使用"单位定期存款开户证书"，单位外汇存款均为现汇户。

（1）以国外汇款、收妥的托收款或国内联行汇款存入的。

银行的账务处理为：借：存放同业　外币

　　　　　　　　　　贷：吸收存款　外币

企业的账务处理为：借：银行存款　外币

　　　　　　　　　　贷：有关账户　外币

（2）以外币现钞存入现汇账户的，应通过套汇办理。

银行的账务处理为：借：库存现金　外币

　　　　　　　　　　贷：货币兑换　外币

　　　　　　借：货币兑换（钞卖价）　人民币
　　　　　　　　贷：货币兑换　人民币
　　　　　　借：货币兑换（汇卖价）　外币
　　　　　　　　贷：吸收存款　外币
　　企业的账务处理为：借：银行存款　外币
　　　　　　　　　　　　贷：库存现金（或有关账户）　外币

2. 支取款项

存款人持活期存折、支票或定期存单支取外汇存款时，按不同要求处理。

（1）以原币汇往国外或国内异地时。

银行的账务处理为：

　　借：吸收存款　外币
　　　　利息支出（定期存款支取利息）　外币
　　　　贷：汇出汇款　外币
　　借：有关科目　人民币
　　　　贷：手续费及佣金收入　人民币
　　企业的账务处理为：借：有关账户　外币
　　　　　　　　　　　　贷：银行存款　外币

（2）如存款为一种外币，而需汇出另一种外币时，应通过套汇处理。

兑取人民币现金时：

银行的账务处理为：借：吸收存款　外币
　　　　　　　　　　贷：货币兑换　外币
　　　　　　　　　　借：货币兑换（钞或汇买价）　人民币
　　　　　　　　　　　　贷：库存现金　人民币

3. 利息计算

外币活期存款每年末月 20 日为结息日，通常采用积数计息法计算利息，所得利息以原币入账，并入原活期存款继续存储。

银行的账务处理为：借：利息支出
　　　　　　　　　贷：吸收存款
企业的账务处理为：借：银行存款
　　　　　　　　　贷：财务费用

企业定期存款采取利随本清的方法，存款人支取本金时一并支取利息。

七、国际贸易融资与国际商业贷款业务的处理程序和方法

（一）国际贸易融资业务

随着国际交往的不断深入，国际贸易和国际资本流动呈现逐年递增的态势，国际贸易融资业务和国际贷款业务的发展又进一步促成了国际交往的深化，当然，该类业务的发展也同时促进了商业银行的利润增长。

贸易融资是指直接与商品进出口业务有关的资金融通，又称进出口融资。在国际贸易中，通过商业银行的资金融通要占到全部进出口融资的80%以上，是进出口贸易不可缺少的一项金融服务。国际贸易融资包括以下几种：

1. 无担保贷款

又称为信用贷款，属于一般商业银行贷款。一般情况下，只有跨国公司或者其他信用级别高的公司无须抵押品就可以取得这种贷款。银行对这类客户提供信贷，其额度一般视其需要和客户的资本实力而定。不过，许多国家的货币管理当局规定对单一客户的贷款不能超过其自有资本的一定比例，事实上也就规定了贷款的最高限额。这类贷款还可采用透支形式，即客户在银行中开立存款账户，使用贷款时就直接在存款账户中透支，只要不超过限额即可。

2. 以提单为质押的贷款

提单是运输公司开给出口商的票据，收货人可以凭提单提取货物。作为一种物权凭证，提单也可用以获得质押贷款。当出口商取得提单后，可以向贷款银行提交扣押证书，以证明其对在途物资具有扣押权，从而获得贷款银行的融资。办理这一贷款时，贷款金额约为货价的50%～70%，贷款期限一般为3个月以内。

3. 打包贷款

打包贷款指出口地银行凭信用证以出口商品为抵押向出口商提供的短期贷款。这种贷款从形式上看属于抵押贷款，其抵押对象是尚在打包中而没有达到可以装运的货物。出口商向银行申请打包贷款时，预先填写打包贷款书，规定贷款用途；银行提供打包贷款，不是一次支付，一般由银行为出口商在往来户外另开户头，由出口商陆续支用。贷款的金额按国外开来的信用证或货物成交合同所列商品的销售收入核定。

4. 保付代理

保付代理（简称保理）又称承购应收款业务，指出口商以商业信用形式出售商品，在货物装船后立即将发票、汇票、提单等有关单据，卖断给承购应收账款的财务公司或专门组织，收进全部或一部分货款，从而取得资金融通的业务。这种业务的特点是：保理公司不能向出口商行使追索权，从而承担了信贷风险；保理公司承担资信调查、托收、催收账款甚至代办会计处理的手续；保理公司向出口商预付货款，使其得到资金融通。其具体业务程序如下：

（1）出口商在以商业信用出售商品进行交易磋商过程中，首先将进口商的名称及有关交易情况报告给本国保理公司。

（2）出口方的保理公司将上述资料整理后，通知进口方的公司。

（3）进口方的保理公司对进口商的资信进行调查，并将调查结果及可以向进口商提供赊销金额的具体建议通知出口方的保理公司。

（4）如果进出口商资信可靠，向其提供赊销金额建议的数字也积极可信，出口方的保理公司即将调查结果告知出口商，并对出口商和进口商的交易加以确认。

（5）出口商在货物装船后，把有关单据出售给出口方的保理公司，并在单据上注明应收账款转让给出口方的保理公司，要求后者支付货款（有时出口商制单两份，一份直接寄送进口商，另一份如上所述，交给出口方的保理公司），后者将有关单据寄送进口方保理公司。

（6）出口商将有关单据出售给出口方的保理公司时，后者按汇票（或发票）金额扣除利息和承购费用后，立即或在双方商定的日期将货款支付给出口商。

（7）进口方的保理公司负责向进口商催收货款，并向出口方的保理公司划付。

5. 卖方信贷

在大型设备和成套设备的交易中，出口国银行为了便于出口商以赊销或延期付款方式出口设备，向出口商提供的中长期贷款称为卖方信贷。卖方信贷的操作程序是：出口商以延期付款或赊销方式向进口商出售大型机械装备或成套设备；出口商向自己的开户行申请贷款，签订协议书，获得大致相当于延期付款金额的贷款；进口商向出口商分期偿还货款后，出口商再用其偿还从银行取得的贷款。一般银行对出口商贷款的额度为其货价的80%左右，金额很大的贷款可由一家大型跨国银行牵头组成银团提供。

6. 买方信贷

为促成设备出口交易，出口方的银行向进口方的银行提供中长期贷款，称为买方信贷，也就是指出口方银行直接向进口商或进口方银行提供贷款，以便进口商利用这项贷款向出口国购买技术设备和支付劳务费用，从而扩大出口国的商品出口。按照国际惯例，买方信贷的贷款额度一般约为贸易合同总额的 85%，其余 15% 由进口商以现汇支付，同时按规定应对外预付不少于 5% 的现汇定金。该种贷款的期限一般为 5~7 年；最长可达 10 年，利率一般低于短期外汇贷款利率。

7. 福费廷

福费廷就是指在延期付款的大型设备贸易中，出口商把经进口商承兑的期限在半年至五六年的远期支付本票，无追索权地出售给出口商所在地银行，提前取得现款，并免除一切风险资金融通方式。福费廷业务的操作程序如下：进出口商签订中期贸易合同，并同意用福费廷方式支付，双方各自取得往来银行的承诺，且出口商与承购银行签订包买票据协定；进口商把向出口商签发的本票交给进口方银行，后者以背书或出具保函的方式承担了对出口商的支付保证，这种背书了的本票基于分期付款原则，包括一组互相衔接、各自为半年期的本票；出口商发货并通过银行寄出提单等票据，以换取进口商签发的本票；出口商按照包买协议，根据市场贴现率无追索权地将本票卖给承购银行，取得现金；承购银行或者保持本票以便到期收款，或者在一般情况下背书后在二级市场上出售给其他投资者。当本票到期时，进口商向持票人还款；如果进口商违约，保证银行有责任付款。

福费廷与保付代理业务的区别在于：保付代理业务适用于托收项下短期贸易融资，而福费廷适用于信用证或银行担保项下的中长期贸易融资；保付代理业务中，出口商最多只能得到发票金额 80% 的融资，而且还要承担有关汇价和迟付方面的残留风险，而在福费廷业务中，出口商可按票面金额获得融资，而且不承担任何风险。

(二) 国际商业贷款业务

1. 短期国际商业贷款

(1) 贷款的对象和条件

短期国际商业贷款按贷款对象不同,可分为银行间的贷款和银行对非银行客户(公司企业、政府机构等)的贷款。从事国际业务的商业银行对其他银行的贷款称为银行同业拆放,它在整个短期贷款中占主导地位。同业拆放的期限从1天到6个多月居多,每笔贷款交易额较大,为10万美元或10万美元以上,典型的银行间交易为100万美元,这种银行间的交易称为批发业务。银行对非银行客户贷款在国际信贷市场上占主要地位,但银行间的贷款最终总是要转变为银行对非银行客户的贷款。短期国际商业贷款主要凭信用,借款人一般无须提供抵押品(短期进出口融资除外),借贷双方一般也不用签订贷款协议,通过电话或电传就能达成交易,所以手续十分简便。短期国际商业贷款的利率随行就市,如欧洲货币的短期贷款即按伦敦银行同业拆放利率。借款人的资信状况,能接受的信贷条件(如贷款金额、期限、利率等)对能否获得贷款都有影响。

(2) 贷款的用途

短期国际商业贷款在提供时一般不限定用途。银行间的同业拆放主要是为了调剂头寸和获取利差收益;进出口商借入资金是为了尽快支付或及时收回贷款;政府借入贷款是为了弥补本国国际收支的短期逆差或用于其他支付需要;公司企业借入资金则是为了补充流动资金的需要。

2. 中长期国际商业贷款

中长期国际商业贷款按贷款的不同对象和用途主要可分为两种类型:一种为进出口商提供的中长期进出口融资,如出口信贷、福费廷等,这类贷款主要为大型成套设备的进出口提供融资。另一种是用于开发资源(采油、开矿等)以及有项目背景的贷款，这类贷款往往金额较大、期限较长，通常采用项目贷款和银团贷款的形式发放。

(1) 中长期国际商业贷款的方式

项目融资，又称大型工程项目贷款。这种新型贷款近年来发展迅速。其主要原因是由于世界性的通货膨胀，新建大型工程所需费用急剧增长，一些企业或政府难以承担与这些大型工程有关的投资风险。有些政府或企业的资金被占用在正进行的工程项目中，也使得它们无力再举办新的大型工程。为了促进大型工程项目的建设及开拓资金运用的新途径，近年来许多经营国际业务的西方商业银行兴办了项目融资这一新的贷款业务。在项目融资这种筹资形式下，工程项目的主办人或主办单位一般都专门为该项目的筹资而成立一家新公司（即项目公司的项目单位），由贷款人把资金直接贷给项目公司而不是贷给该项目的主办人。项目公司对偿还贷款承担直接责任，工程项目的成败对贷款人能否收回其贷款具有决定性意义。

项目融资的类型可分为无追索权的项目融资与有追索权的项目融资两种：

第一，无追索权的项目融资，又称做纯粹的项目融资。在这种方式下，贷款人收回本息的唯一来源是项目所产生的收益。另外，贷款人为了保障自身的利益，需在该项目的资产上设定担保权益，除此之外，贷款人无任何保障。如果该项目中途停建或经营失败，其资产或收益不足以清偿全部贷款时，贷款人也无权向该项目的主办人追偿。由于这种融资方式风险太大，贷款人一般不采用。

第二，有限追索权的项目融资。在这种方式下，除上述的还款来源（项目投资后的收益及项目公司拥有的资产）和设定担保物权外，贷款人还要求由项目公司以外的第三者提供担保。这些第三者包括项目的主办人、项目产品的未来购买者、东道国政府等。当项目不能完工或经营失败，项目本身的资产不足以清偿债务时，贷款人有权向担保人进行追偿，以各自提供的担保金额为限。目前国际上一般都采取这一项目融资方式。

项目融资的参与者包括：

贷款人。项目的贷款人一般是国际金融机构、政府机构、出口信贷机构、商业银行和保险公司等。

项目主办人。一般包括政府机构、国营或私营企业等。

项目公司。在工程项目建设中负责办理筹资、建造和经营管理的单位。

担保人。一般是项目所在国的中央银行、国际大银行、国际大企业等，担保的方式通常是由保证人出具完工保证、偿债保证等担保书。

外国政府的官方保险机构。美、英、法、德等国家的政府都设有官方保险机构，它们对本国金融机构在国外的贷款或本国私营企业在海外的直接投资以及本国出口商向国外赊销设备的贷款提供保险。

项目产品的买主和工程设施的用户。这两方面的参与人往往通过他们的合同义务对该工程的贷款提供主要的信用保证，所以，贷款应充分注意这两种人的信用程度。

设备供应人。项目设备的供应人通过延期付款的安排，可以成为项目资金的一个重要来源。但应充分注意设备供应人的经营作风和资信。

偿债缺额的付款人。贷款人通常与项目公司以外的第三者订立按差额支付协议，按照这种协议，如果项目的收益不足以清偿债务时，应由第三者（通常就是项目的主办人）补足其差额。

工程师和承包人。这些人的水平和信誉对保证工程项目完工十分重要。

经管人。负责从项目产出中还本付息。

项目融资的风险及贷款人应采取的措施：项目融资的风险较大，其风险构成主要有：项目完工风险，包括成本超支后无增资来源，因故中途停建等；资源风险，主要是对资源开发性项目，是否有预期的蕴藏量；经营风险，主要是项目管理是否得力，经营是否有方；市场风险，即产品是否有稳定的市场；货币风险，即货币因汇率变化所带来的损失；政治风险，主要指项目所在国的政治上的稳定性。

贷款人为减少上述风险，通常应采取下列措施：设定各种担保权益，主要包括项目所使用的土地与设施的抵押；无论取得货物与否均须取得付款项下权利的转让、库存与设施的抵押、保险合同项下权力的转让等；力求避免政治风险，包括将各项担保置于东道国管辖之下，投保政治风险等；规定支付贷款的条件，主要是在借贷协议中详细订明贷款人支付贷款的各项先决条件。

银团贷款：如前所述，国际中长期商业贷款的发放方式，可根据贷款金额及参加贷款的银行数量，分为独家（双边）贷款、联合贷款、银团贷款。独家贷款的金额通常较小，期限也相对较短。金额较大、期限较长的贷款通常都以联合贷款或银团贷款的方式组织贷款的。银团贷款，又称辛迪加贷款。它是由一家或两家、三家银行牵头，由该国或几国的多家银行参加，联合起来组成一个结构严谨的银团，按照同样条件，共同对另一国的借款人提供一笔长期巨额贷款。近年来，国际信贷市场的中长期信贷大多采取银团方式，究其原因，主要有三方面：其一，许多西方国家对本国商业银行的对外贷款有数量限制，故独家银行难以承担巨额贷款；其二，国际金融市场汇率、利率起伏不定，第三世界国家不断发生债务危机，信贷风险较大，采取银团方式贷款，可分散风险；其三，各商业银行都希望在激烈的竞争中，不断开拓业务规模，争取面向更多的客户，而不愿把巨额资金集中贷给个别客户。

银团贷款的当事人有两个：一是借款人；二是参加银团的各家银行，这些银行可分为：①牵头行，每个银团至少有一家牵头行（如不止一家，则通常有一家为主牵，其余为副牵），牵头行的主要职责是审查借款人资信和项目可行性，并负责组织银团，代表银团与借款人协商贷款协议、签订合同，处理贷款过程中出现的重大问题；②参与行，是指参加银团，并承担一部分贷款的银行；③代理行，是在银团贷款中发挥特殊作用的银行，它代表银团，负责管理与银团贷款有关的全部事务，代理行可以由牵头行兼任，也可由牵头行指定银团中任何成员银行担任；④担保人，银团如果认为贷款风险较大，需要借款人提供一个资力雄厚、信誉卓著的还款担保人，或提供足够的抵押品，保证人通常由银行担任，它承担着不可撤销的还款义务，承担因借款人违约而造成的损失。

（2）国际中长期贷款的条件

利率与费用：

利率的确定。西方商业银行在确定国际中长期贷款的利率时，通常是根据资金来源和成本，再结合贷款金额、期限、风险等因素确定一个合理利差（即在基础利率上加一定的百分点），从而得出贷款利率。西方商业银行有时也以本国国内利率作为基础利率。

各项费用。如采用银团贷款的方式，除利息之外，借款人还要支付管理费、代理费、杂费、承担费等费用。如采用双边贷款的方式，借款人则无须支付管理费、代理费，通过技术安排，有时亦可免付承担费。

期限与偿还方式。贷款的期限，主要根据贷款的对象、用途、金额、方式来确定。一般来说，规模较小的双方贷款期限较短，项目贷款、银团贷款的期限相对较长。贷款的偿还方式主要有三种：期末一次还清本金，即贷款本金在贷款期满的最后一个利息支付日还清，利息则分期偿还；宽限期后分次偿还，有些贷款在提款后，有一个宽限期，宽限期内只付利息不还本金，宽限期满开始分期还本；逐年分次平均偿还，这种偿还方式无宽限期，以贷款总额除以贷款年限，即为每年需偿还的本金。由于偿还方式不同，实际用足贷款的期限与名义贷款期限可能有很大差距。

贷款货币。贷款货币由借贷双方根据贷款用途、资金来源成本、货币的汇率、利率等因素协商确定。银团贷款大多使用欧洲货币（欧洲美元、欧洲马克、欧洲瑞士法郎、欧洲日元）等，以欧洲美元居多。

担保。西方商业银行发放国际中、长期贷款时，通常要求借款人提供担保。借款人所在国的银行、政府，借款企业的母公司，外国政府、外国金融机构等都具有担保人资格。贷款人通常要求借款人所在国银行提供担保，因为银行信誉较高，担保手续也相对简便易行。有的贷款还要求提供抵押品，但由于不便管理，所占比重很小。

(3) 贷款银行应注意的关键问题

国际中长期贷款的期限相对较长，发生各种不确定性因素的机会较短期贷款多，风险相对较大，所以贷款银行从事该业务时应着重注意下列问题。

贷款用途及项目可行性。对贷款银行来说，贷款用途的合法性和项目可行性（包括经济、技术、材料设备、费用估计等各方面可行性）的研究审核是非常重要的。贷款用途不合法，一旦出现问题就难以得到法律的保护和支持。如贷款用途不合理，项目本身的质量是项目成功的首要因素。贷款银行一般都有专门的评估人员，按照严格评估程序，采用科学的方法进行评估，以尽可能把好第一关。如果一开始就出现选择、评估失误，往往后期做很多工作也难以补救。

利率的确定与选择。在确定利率时，贷款银行必须首先考虑资金来源的成本，在成本的基础上再加上合理利差就构成银行利率报价的基础。在确定利差时，要考虑贷款的金额、期限、借款人资信、利率风险、贷款风险、资产收益率以及国际资本市场同类贷款的利差高低等各方面因素。在不影响贷款人资金安全和盈利的情况下，贷款人有时也会主动帮助借款人选择合适的利率（如固定与浮动的选择等）。总之，应在不损害借款人利益和在一定的市场成本背景下，力求使收益达到最大化。

合伙人的选择。对一些金额大、期限长的贷款，往往是以银团方式提供的。在这种情况下牵头行必须谨慎选择合适的伙伴作为共同牵头行（又称副牵头或共同经理银行）组成包销团。合伙人的选择对保证银团的顺利组成是非常重要的。首先，共同牵头行的声誉和实力对那些被邀请参与贷款的银行影响很大，合伙人的了解，彼此配合的经历，对于在贷款期间的愉快合作也是非常重要的。如果彼此不能配合、支持，不仅会给银团的组织、管理带来麻烦，甚至可能导致失败。其次，在决定合伙人数量时，要考虑合伙银行的资本数量、贷款政策、流动性比率及可能分担的份额。一般在可能条件下，数量不宜多，以尽量减少管理环节，降低管理成本。

各种风险的防范措施。国际中、长期贷款的风险一般有汇率风险、利率风险、项目建设风险与管理风险（如市场变化、项目超支等）以及国家风险。这些风险有些是不可预见的，具有不确定性，但具有发生的可能性，为此，不少银行根据经验，逐步积累了不少防范的措施和办法。如采用近年发展很快的各种掉期、期权交易等控制汇率风险的金融工具；要求借款人提供各种担保（如完工担保、超支担保、还款担保等）以及各种保险；对于国家风险，则可利用本国政府的出口保险政策或要求借款人所在国的政府机构提供担保（在可能的情况下）。贷款银行通常在贷款合同中，对借款人提一些限制性要求，以敦促其履约并确保贷款银行的利益不受影响。以上措施虽不能完全消灭风险，但能有效地将风险控制在最低程度。

八、实践中贷款的具体分类及处理方法

（一）贷款的分类

1. 根据期限可分为短期贷款、中期贷款和长期贷款

短期贷款是指1年以下的贷款，通常用于调剂头寸和短期进出口融资。中期贷款通常是指1~7年（1~5年居多）的贷款，7年以上的贷款为长期贷款。中长期贷款通常用于中长期进出口融资，如购买大型成套设备以及用于大型工程项目的建设等。在中、长期贷款中，根据借款主体、担保方式、偿还方式的不同，又可分为一般贷款和项目贷款。一般贷款的借款人是凭借自己的资信或以抵押品为担保直接向银行借款，并由借款人承担还款义务的贷款；而项目贷款与传统融资的主要区别在于，它是发给那些为建设某项目而专门成立的项目公司，并以该项目将来所能产生的现金流量为担保的贷款。

2. 根据贷款金额的大小及参加贷款银行的数量，又可分为独家银行贷款、联合贷款和银团贷款

独家银行贷款是指一家银行对借款人发放的贷款。联合贷款是指2~3家（既可以是同一国家也可以是不同国家的）银行联合提供的贷款。银团贷款通常是指3家以上的银行共同提供的贷款。

3. 根据贷款主体分为国际商业贷款、国际金融机构贷款和政府贷款

国际商业贷款是指商业银行（包括跨国银行）在国际金融市场上发放的贷款。国际金融机构贷款是由国际金融机构（如世界银行、国际货币基金组织、亚洲开发银行等）提供的贷款。政

府贷款也常常与出口信贷结合在一起使用，即提供所谓"混合贷款"。政府贷款还经常通过商业银行转贷。在国际贷款中，商业贷款具有重要地位。

（二）贷款业务的具体处理方法

1. 短期外汇贷款

短期外汇贷款是指银行发放的期限在 1 年以内的现汇贷款。凡生产出口产品，有偿还外汇能力的企业，都可以向银行申请短期外汇贷款。短期外汇贷款有固定利率贷款和浮动利率贷款两种。以下为短期外汇浮动利率贷款。

（1）贷款的发放

短期外汇贷款一般是使用和发放紧密联系，在对外实际进口付汇时申请发放和支付。如果短期外汇贷款是采用信用结算方式，在接到国外银行寄来的单据，经审核同意付款时办理。如果采用进口代收或汇款方式，在企业申请对外汇出款项时办理。借款时，由借款单位填制"短期外汇贷款借款凭证"，经银行审核凭证有关内容与借款契约规定相符后，办理转账。

银行的账务处理为：借：贷款　外币

　　　　　　　　　　贷：存放同业（或吸收存款）　外币

企业的账务处理为：借：银行存款　外币

　　　　　　　　　　贷：短期贷款——外汇贷款　外币

（2）贷款利息的计算

外汇贷款采用的浮动利率，由总行根据国家政策和国际金融市场利率变动情况确定并公布。浮动期分 1 个月、3 个月、6 个月不等，由借款方与银行商定，在浮动期内即使利率发生变化，也按浮动期初的利率计息，浮动期满再按浮动后的利率计息。短期外汇贷款实行按季结息，即每季末月的 20 日计息一次，按浮动利率的变动时期分段计息。对于届时不能支付利息的，银行将应收利息转入贷款户，计算复利。

银行的账务处理为：借：贷款　外币
　　　　　　　　　　贷：利息收入　外币

(3) 贷款的收回

借款人使用短期外汇贷款，应按期归还。如借款人有外汇收入的，则由借款人以自有外汇归还贷款本息。

银行的账务处理为：借：吸收存款　外币
　　　　　　　　　　贷：贷款　外币
　　　　　　　　　　　　利息收入　外币

企业的账务处理为：借：短期贷款——外汇贷款　外币
　　　　　　　　　　　　财务费用　外币
　　　　　　　　　　贷：银行存款　外币

如借款企业不能直接以外汇偿还，经批准也可以将所生产的产品委托外贸公司出售，用所得的人民币偿还贷款本息，但必须凭外贸公司签发的"还款凭证"，通过货币兑换办理。

2. 买方信贷

买方信贷。为促成设备出口交易，出口方的银行向进口方的银行提供中长期贷款，称为买方信贷，也就是指出口方银行直接向进口商或进口方银行提供贷款，以便进口商利用这项贷款向出口国购买技术设备和支付劳务费用，从而扩大出口国的商品出口。按照国际惯例，买方信贷的贷款额度一般约为贸易合同总额的85%，其余15%由进口商以现汇支付，同时按规定应对外预付不少于5%的现汇定金。该种贷款的期限一般为5~7年；最长可达10年，利率一般低于短期外汇贷款利率。

该贷款需要签订两个合同，一是由买卖双方签订进出口贸易合同；二是由出口商银行与进口商银行签订贷款合同。买方信贷项下向国外银行的借入款，由总行集中开户，并负责偿还贷款本息。

买方信贷的一般操作程序是：进口商与出口商洽谈贸易，签订贸易合同；进口商与出口商所在地的银行签订贷款协议；进口商用获得的贷款以现汇付款条件支付出口商的货款；进口商按贷款协议分期偿还银行贷款。买方信贷有时也由出口方银行向进口方银行贷款，再由后者贷给进口商。

(1) 对外信贷签订协议

我方进口商使用买方信贷，在向国外借款前，先由总行统一对外签订总协议，总协议下每个项目的具体协议由总行或总行授权分行对外签订。协议签订后，均由总行根据协议商定金额，用"买方信贷用款限额"表外科目进行控制。

(2) 支付定金

根据买方信贷协议的规定，须对外预付一定比例的定金。定金一般为合同金额的5%，最高不超过15%，根据不同情况进行处理。

借款单位用现汇支付定金时的处理：

银行的账务处理为：借：吸收存款——进口商户　外币
　　　　　　　　　贷：存放同业　外币

企业的账务处理为：借：××借款　外币
　　　　　　　　　贷：银行存款　外币

借款单位向银行申请现汇贷款支付定额时的处理：

银行的账务处理为：借：贷款　外币
　　　　　　　　　贷：存放同业　外币

企业的账务处理为：借：银行存款　外币
　　　　　　　　　贷：××借款　外币

借款单位以人民币购汇支付定金时：

银行的账务处理为：借：吸收存款　外币
　　　　　　　　　贷：货币兑换　外币
　　　　　　　　　借：货币兑换　外币
　　　　　　　　　贷：存放同业　外币

企业的账务处理为：借：有关账户　外币
　　　　　　　　　　贷：银行存款　外币
（3）使用贷款
买方信贷项下的进口支付方式一般采用信用证结算，贷款的借入与进口付汇同时进行。
总行对外开证并直接办理贷款时：
　　借：贷款　外币
　　　　贷：拆入资金——借入买方信贷　外币
分行对外开证并办理贷款时，分行作为开证行，在对外支付时：
　　借：贷款——买方信贷外汇贷款　外币
　　　　贷：清算资金往来　外币
同时以全国联行往来借方报单划付总行，请领外汇资金。
　　借：清算资金往来　外币
　　　　贷：清算资金往来——总行　外币
总行收到分行上划的全国联行往来贷方报单，对外付汇。
　　借：清算资金往来　外币
　　　　贷：拆入资金——借入买方信贷　外币
收到分行请领外汇资金的借方报单时：
　　借：清算资金往来——××分行　外币
　　　　贷：清算资金往来　外币
若对外付汇和贷款不是同种外币，则分行不主动上划总行，而是将对外支付贷款电抄文加上分行信贷部门面函一并寄总行。总行待收到国外贷款银行通知贷款的起息日后，分别以借、贷方两份全国联行报单下划有关分行，分行再行转账。

（4）贷款本息的偿还
买方信贷项下借入款的本息，由总行统一对外偿还，同时由经办行向国内借款人收回相应的本息。根据借款人在总行或分行开户的不同,应分别按不同手续办理。

若借款人在分行开户,其处理方法如下:

总行支付国外贷款利息,并以全国联行外汇往来借方报单划付有关分行。

总行的账务处理为:借:利息支出　外币
　　　　　　　　　　贷:存放同业　外币
　　　　　　　　　　借:清算资金往来　外币
　　　　　　　　　　贷:利息收入　外币

分行收到总行报单,办理转账,并向借款人收取利息。

分行的账务处理为:借:利息支出　外币
　　　　　　　　　　贷:清算资金往来　外币
　　　　　　　　　　借:吸收存款　外币
　　　　　　　　　　贷:利息收入　外币

借款人支付利息时:借:××科目　外币
　　　　　　　　　贷:银行存款　外币

总行偿还国外贷款本金,并以全国联行外汇往来借方报单划付有关分行。

总行的账务处理为:
　　借:拆入资金——借入买方信贷　外币
　　　贷:存放同业　外币
　　借:清算资金往来　外币
　　　贷:清算资金往来——××分行　外币

分行收到总行报单后,办理转账,并向借款人收回本金。

分行的账务处理为:借:清算资金往来——总行　外币
　　　　　　　　　　贷:清算资金往来　外币
　　　　　　　　　　借:吸收存款　外币
　　　　　　　　　　贷:贷款——买方信贷
　　　　　　　　　　　　外汇贷款　外币

借款人的账务处理为：借：××科目　外币
　　　　　　　　　　　贷：银行存款　外币

如借款单位是以人民币购汇偿还的，则通过货币兑换办理。

借款单位不能如期归还贷款本息时，应按照贷款契约规定的到期日，将贷款本息转入"短期外汇贷款"科目核算。

如借款人在总行开户，则由总行向国外支付贷款利息和本金后，直接向国内借款人分别收回贷款利息和本金。

3. 进出口押汇

进出口押汇是银行以国际贸易在途商品作为抵押对进口商融资的行为。

（1）进口押汇。商业银行为进口商开立信用证的过程，称为进口押汇。即进口押汇是指进口商以进口货物权做抵押，向银行申请的短期资金融通。进口商通过信用证的开立，可以延长付款期限，不必在出口商发货之前支付货款，即使在出口商发货后，也要等收到货物再履行付款义务。这样，进口商就减少了资金占用时间；而出口商之所以接受延长付款条件，是以开证行保证到期付款为条件的。因此，进口押汇实际是商业银行（开证行）为进口商提供的资金融通。

银行接受进口商申请对外开出信用证时，按开证金额的一定比例向申请人收取一定数量的保证金。由于进口货物的对外付汇金额往往大于保证金，所以进口押汇就是垫付实际付汇金额与预收保证金本息的差额。进口商银行收到国外议付行寄来信用证项下的单据或托收项下的汇票、单据及议付报单时，若进口商要求须做进口押汇，银行则办理处理手续，并对外付款。

银行的账务处理为：借：存入保证金　外币
　　　　　　　　　　垫款——进口押汇　外币
　　　　　　　　　贷：存放同业　外币

进口商向银行偿还进口押汇本息，赎取单据时，银行应抽出保管的有关凭证，计算并扣除自押汇日至赎单还款日的利息，收回押汇本息。

银行的账务处理为：借：吸收存款　外币
　　　　　　　　　贷：垫款——进口押汇　外币
　　　　　　　　　　　利息收入　外币
企业的账务处理为：借：××科目　外币
　　　　　　　　　贷：银行存款　外币

(2) 出口押汇。出口押汇指出口地银行对出口商提供的资金融通。是指出口商将全套出口单据交议付行，由该行买入单据并按票面金额扣除自议付日起到预计收汇日止的利息及有关手续费，将净额预先付给出口商的一种出口融资方式。当出口商根据合同规定对进口商发出货物并取得各种单据后，可根据有关条款向进口商开出汇票，由于进口商不能立即支付票据，出口商为了避免资金占压，将汇票连同单据向出口地银行申请贴现。银行经审查同意后，把汇票票款扣除贴现利息支付给出口商。这一过程即为出口押汇。在汇票到期时，出口地银行将汇票和单据交给进口商请其付款，以收回垫付资金。如果进口商拒付票据，则银行有权要求出口商归还票款。

由于出口商银行要预先垫款买入一笔尚未收妥的外汇，若进口国政局、经济等不稳定，就有一定的收汇风险。

银行接受出口商提交信用证和单据，办理出口押汇时：
银行的账务处理为：借：贷款——出口押汇　外币
　　　　　　　　　贷：利息收入　外币
　　　　　　　　　　　货币兑换　外币
　　　　　　　　　借：货币兑换　人民币
　　　　　　　　　贷：吸收存款　人民币
企业的账务处理为：借：银行存款　人民币
　　　　　　　　　贷：有关账户　人民币

收回押汇贷款时的处理为：
银行的账务处理为：借：存放同业　外币
　　　　　　　　　　贷：贷款——出口押汇　外币
　　　　　　　　　　　　手续费及佣金收入　外币

第七部分 保险业务往来

一、保险业务往来概述

保险业务往来是指保险公司与工商企业之间的业务往来。保险公司是专门从事风险管理并为保险客户提供风险保障服务的金融企业，它通过向保险客户收取保险费来建立保险基金，履行其根据保险合同与保险客户约定的赔偿或给付责任，各种保险业务的经营都需要通过货币资金的收付来进行，保险公司正是通过这些活动一方面向社会提供劳务商品形态的保险服务，另一方面则力争盈利，以不断扩充实力，使自身不断得到发展，并从中给其所有者和债权人带来报酬。

在国际上，按照寿险和非寿险实行分险经营是保险界的惯例，各国亦普遍强调按照保险业务分类核算。《中华人民共和国保险法》第九十二条规定："同一保险人不得兼营财产保险和人寿保险业务；但是经营财产保险业务的公司经保险监督管理机构核定，可以经营短期健康保险业务和意外伤害保险业务。保险公司的业务范围由保险监督管理机构依法核定。保险公司只能在被核定的业务范围内从事保险经营活动。保险公司不得兼营本法及其他法律、行政法规规定以外的业务。"根据这一原则，我国新的企业会计准则明确区分了寿险和非寿险业务。

(一) 财产保险及其种类

财产保险是指以各种物质财产及其有关利益为保险标的的保险。财产保险具体包括以下种类：普通财产保险、运输工具保险、货物运输保险、农业保险、工程保险、责任保险、特殊风险保险、信用保险、意外伤害保险和短期健康保险等。

1. 普通财产保险

普通财产保险是以物质财产及其有关利益为保险标的，以火灾及其他自然灾害、意外事故为保险责任的保险。国际上一般将固定资产和流动资产的财产保险称为火灾保险。我国现行的财产保险的保险责任实际上是在火灾保险责任基础上的扩展，包括企业财产保险、家庭财产保险、涉外财产保险等。

2. 运输工具保险

运输工具保险是承保运输工具因受自然灾害和意外事故造成的运输工具本身的损失及第三方责任，包括机动车辆保险、飞机保险、船舶保险等。在我国的财产保险业务中，保费收入主要来源于企业财产保险、运输工具保险和货物运输保险。其中机动车辆保险所占份额最大。

3. 货物运输保险

货物运输保险是承保货物运输过程中因自然灾害和意外事故引起的财产物资损失，主要有海洋货物运输保险、陆上货物运输保险、航空货物运输保险等。

4. 农业保险

农业保险是承保农业生产过程中因自然灾害和意外事故所致的损失，主要有种植业保险、养殖业保险等。

5. 工程保险

工程保险是对建筑工程、安装工程及各种机器设备因自然灾害和意外事故造成的物质财产损失和第三方责任进行赔偿的保险，包括建筑工程一切险、安装工程一切险、机器损坏险、船舶建造险等。

6. 责任保险

责任保险是以被保险人的民事损害赔偿责任或经过特别约定的合同责任为保险标的的保险。它承保被保险人由于疏忽、过失等行为造成他人的人身伤亡或财产损毁，依法或依合同应该承担的经济赔偿责任。险种主要有公共责任险、产品责任险、职业责任险、雇主责任险。

7. 特殊风险保险

在财产保险中，特殊风险保险是指以高新技术开发与应用过程中可能产生的高风险为保险责任的一个新开发的险种，主要有航天保险、核电站保险和海洋石油开发保险等。

8. 信用保险

投保人和被保险人作为权利人为了维护自己的利益，避免因债务人违约而受损，而以债务人的信用为保险标的向保险公司投保。主要有出口信用保险、投资保险等。

9. 意外伤害保险

意外伤害保险是指保险期限在 1 年或 1 年以下的以被保险人的身体作为保险标的的保险。它是以被保险人遭到意外伤害造成残疾、死亡为给付保险金条件的非寿险业务。

10. 短期健康保险

短期健康保险是指保险期限在 1 年或 1 年以下的以被保险人的疾病、分娩所致残疾或死亡为标的的保险。

(二) 财产保险业务往来处理的内容

财产保险业务往来的内容主要包括：财产保险业务营业收入处理，包括各个险种的保费收入；财产保险业务营业支出业务，包括各个险种的保险赔款支出、手续费支出、营业费用支出和营业税金及附加等。

二、财产保险保费收入的处理程序和方法

(一) 保费收入的概念

保费收入，是指从事保险业务的金融企业销售保险产品并承担相应的保险责任而取得的收入，是保险公司的主要收入项目。

保费收入是保险公司建立保险基金的源泉，它是根据投保人投保险种的费率乘以保险金额的方式计算并收取的费用，从而实现对被保险人的因保险事项所受损失的经济补偿。交付保险费是投保人的基本义务，只有在投保人按照约定的办法交付保险费的前提下，从事保险业务的金融企业才需要承担保险合同所订明的保险责任。对此，我国《保险法》第十三条规定："保险合同成立后，投保人按照约定交付保险费；保险人按照约定的时间开始承担保险责任。"

保费收入是衡量保险公司业务发展规模的尺度，也是衡量保险公司有无发展活力的重要依据。保费收入的多少，反映了保险公司承保能力的大小和保险责任的大小，对于保费收入的理解，需要澄清以下几个基本概念。

1. 入账保费

入账保费是保险公司在一定时期内签发的保单已经收到或尚未收到的保费总额。

2. 未赚保费

又称未到期保费，是指某一年度的入账保费中应该用于支付下一年度发生的赔款的保费。因为保险业务是跨年度连续经营的，每一年度末决算时，当年签发的保单有许多尚未到期，可能在下一年度发生赔款，因此当年的保费收入不能都用于支付当年发生的赔款，而必须提取一部分用于支付下一年度发生的赔款，从当年保费收入中提取的这一部分资金就是未赚保费，实际上就是未到期责任准备金。

3. 已赚保费

已赚保费又称已到期保费，是指某一年度中可以用于当年赔款支出的保费收入。每年会计期末，保险人必须将所收取的保费中在当期已负了责任或终止合同的那部分保费作为已赚保费。已赚保费等于上年度转回的未赚保费加上年度入账保费减去本年度未赚保费。由此可知，已赚保费才是保险公司的实际保费收入。

（二）保费收入的确认

从事保险业务的金融公司接受企业投保人投保，首先要根据适用的保费标准和投保人的保险金额，计算投保人应该交纳的保险费。保险费的数额通常是由保险金额、保险费率和保险期限三个因素决定的。经双方同意并签订保险合同后，如果保险费收入确认的以下三个条件均得到满足，才能予以确认。

1. 财产保险合同成立并承担相应保险责任

保险合同成立是先决条件，但是保险合同成立并不意味着保险公司就开始承担相应的保险责任，比如前面提到的货物运输保险合同，签订合同时和合同生效时保险人开始承担保险责任可能不同，在这种情况下签订合同当日就不能确认保费收入，而是作为一项预收款，到真正开始承担保险责任日再转到保费收入项下。

2. 与财产保险合同相关的经济利益很可能流入

与保险合同相关的经济利益很可能流入企业是确认保费收入的一个必备条件。如果有确凿证据表明投保人不能按照保险合同规定的期限和金额交纳保费时，保险人不能确认保费收入。比如某财产保险公司为某宾馆建设承保，其建设期间为两年，采取分期付款的方式收取保费，收款期也是两年。第1年如期收到保费，按规定可以确认保费收入；第2年，该公司获悉国家将下令禁止楼堂馆所的建设，该宾馆列入停建范围的可能性很大。在此情况下，保险公司在收到保费前不应确认保费收入。

3. 与财产保险合同相关的收入能够可靠地计量

假设承保条件改变或者保险标的保险价值发生变化，造成收入和相关成本难以确定的，公司不能确认保费收入，只有待新的情况出现，使得收入和相关成本可以可靠计量时，才能进行确认。

保费收取的方式主要有如下两种：一种是直接缴纳法，即投保人直接将规定的保险费以库存现金或银行存款形式缴纳给保险人；另一种是以投保人缴纳的储金的运用收益作为保费。

（三）保费收入的业务处理流程

1. 企业作为投保人向财产保险公司投保财产险业务时，应填写投保单。保险公司外勤人员收到投保单后，应详细审核投保单的各项内容，同时进行检验。内勤人员接到投保单后，认真审核，审核无误后填制保险单。

2. 缴费时，保险公司内勤人员填制"××保险费收据"缴费凭证，一式三联交投保人，企业投保人凭此向保险公司出纳人员缴费。保费收据填写要规范，机动车险要在摘要中注明车号或新车，分期缴费的要在摘要中注明是第几次缴款。保险收据后面要附保险单副本或复印件，预约统保的货运险要附统保协议，分期收款的每次缴款都要有保单复印件。

3. 保险公司在收到企业投保人交来的库存现金或银行支票和内勤人员填制的保费收据后，在保费收据上加盖专用收讫章，并签名。第一联保费收据交投保人收执，第二联收据副本退内勤人员作为登记"××险分户卡"，第三联收据存根连同银行存款缴款回单，一并送交会计部门，会计人员据以进行会计处理。

4. 待每日对外营业结束前，会计部门收到业务部门汇总编制的"保险日报表"，保费收据存根及银行存款收账通知等附件，经对有关单证的内容进行审查无误后，即可编制记账凭证，办理入账。

（四）业务往来处理方法

1. 签发保险单并确认保费收入

当财产保险公司会计部门收到业务部门交来××险保费日报表、保费收据存根和银行收账通知，该业务视为签单生效时收到全部保费。

在作保费收入增加同时作银行存款增加处理。
保险公司的账务处理为：借：银行存款
　　　　　　　　　　　　贷：保费收入——××险
企业的账务处理为：借：××账户
　　　　　　　　　　贷：银行存款

如果会计部门收到业务部门交来的"保费日报表"或"保费收据"等有关单证，但保费尚未收到，由于保单签订后，双方的权利和义务均即确立，在会计上应记入"应收保费"科目，实际收到保费时冲减该科目。
保险公司的账务处理为：借：应收保费——某企业
　　　　　　　　　　　　贷：保费收入——××险
待收到保费时，再将"应收保费"与"银行存款"对转。
保险公司的账务处理为：借：银行存款
　　　　　　　　　　　　贷：应收保费——某企业
企业的账务处理为：借：××账户
　　　　　　　　　　贷：其他应付款——应付保费
　　　　　　　　　　借：其他应付款——应付保费
　　　　　　　　　　贷：银行存款

2. 预收保费的处理

如果企业投保人提前交费或交纳保费在前，承担保险责任在后，则应作为预收保费处理，到期再转入保费收入。会计部门根据业务部门交来的财产险保费日报表和保费收据存根，以及银行收账通知进行账务处理。

假设某企业为其职工投保 1 年期团体人身意外伤害险，经核保部门核保，保险公司同意承保，会计部门收到业务部门交来的团体意外伤害险保费日报表和保费收据存根以及银行收款通知单。该业务自下年度 1 月 1 日起承担保费责任。其业务处理为：

(1) 收到预收保费

将预收保费与银行存款对转。

保险公司的账务处理为：借：银行存款

　　　　　　　　　　　　贷：预收保费——某企业

企业的账务处理为：借：××账户

　　　　　　　　　　贷：银行存款

(2) 次年1月1日将预收保费转为实现的保费收入

销记预收保费，同时作保费收入。次年1月1日，将预收保费转为实现的保费收入。

账务处理为：借：预收保费——某企业

　　　　　　　　贷：保费收入——团体意外伤害险

3. 中途加保的业务处理

保险合同成立并开始承担保险责任后，在保单有效期内，保险事项若有变化，比如保险标的升值、财产重估等原因，所以保户中途会要求加保。中途加保的保费收入处理与投保时保费收入的处理相同。

保险公司会计部门收到业务部门转来的批单、保费收据存根及银行收账通知，由于某企业投保的资产因重估增值而引起保险金额上升，按保费率计算应加保费××元。应作以下处理：增加保险收入，属于企业财产保险，同时银行存款增加。

保险公司的账务处理为：借：银行存款

　　　　　　　　　　　　贷：保费收入——企业财产保险

企业的账务处理为：借：××账户

　　　　　　　　　　贷：银行存款

4. 中途退保的业务处理

中途退保或者部分退保，应按已保期限与剩余期限的比例计算退保费，退保费直接冲减保费收入。退保时保户必须将保费收据、保险单正本退回，尚结欠的应收保费则直接从退保费中扣除。

假设，某企业投保了财产保险综合险，由于经营环境发生变化，企业决定将厂址迁移外地，以增强企业的综合竞争力，故申请退保。根据业务部门传来的批单，应退保××元，但尚有××元的保费未缴纳，会计部门开出转账支票支付该企业退保费××元。需作如下处理：

保险公司的账务处理为：
  借：保费收入——财产保险综合险
   贷：应收保费——某企业
    银行存款
企业的账务处理为：借：银行存款
       贷：××账户

三、财产保险赔款支出的处理程序和方法

（一）赔款支出的内容

赔款支出是指短期险业务（包括财产保险业务、意外伤害险业务和短期健康险业务），因保险标的遭受损害或发生意外伤害、疾病、按保险合同约定支付给投保人的赔款以及处理保险事故的相关费用支出。赔款支出包括：直接赔款、直接理赔勘查费、间接理赔勘查费、摊回分保赔款支出、收回错赔骗赔款、损余物资折价及代位追偿款等。摊回分保赔款支出、收回错赔骗赔款、损余物资及代位追偿款应于实际收到时冲减赔款支出。

1. 直接赔款，是指根据保险合同约定支付给被保险人或收益人的赔款，应在实际支付时确认，直接计入相关险种的成本。

2. 直接理赔勘查费，是指保险事故勘查理赔过程中发生的能准确分清到赔案的相关费用，包括专家费、律师与诉讼费、损失检验费、评估费以及其他直接费用。直接理赔勘查费，应按照实际发生额直接计入相关险种的赔款支出。

3. 间接理赔勘查费，是指保险事故勘查理赔过程中发生的与保险事故勘查定损直接有关但是不能准确分清到赔案的相关费用，包括车辆使用费、差旅费、调查取证费以及其他相关费用。间接理赔勘查费，应按当期赔案件数或者其他合理的方法分摊计入相关险种的赔款支出。

4. 摊回分保赔款支出，是指分出分保业务发生赔款后收到的分保公司支付的应由其承担的赔款支出。该项目应按实际收到的金额直接冲减相关险种的赔款支出。

5. 收回错赔骗赔款应按实际收回的错赔骗赔的款项直接冲减相关险种的赔款支出。

6. 损余物资是指保险人因承担赔付保险金责任而取得的残损物资，其应当按照同类或类似资产的市场价格计算确定的金额确认为资产，并冲减相关险种当期的赔款支出。若处置损余物资收到的金额与账面金额有差额，则需调整当期的赔款支出。

7. 代位追偿款是指因第三者对保险标的的损害而造成保险事故的，保险人自向被保险人赔偿保险金之日起，在赔偿金额范围内代位行使被保险人对第三人请求赔偿的权利，即保险人向被保险人给付保险金后，即可自动取得代位追偿权，无须被保险人的授权和确认。在我国保险业务实践中，保险人在支付保险金的同时，往往要求被保险人签署赔款收据和权益让与书，作为被保险人将对第三人损害赔偿请求权让渡给保险人的有效证明，虽然这在法律上并非必需。代位追偿款在满足一定条件的情况下应确认为一项资产，并直接冲减相关险种当期的赔款支出，若收到应收代位追偿款时，保险人收取的金额与相关应收代位追偿款账面价值有差额，则需调整当期赔款支出。

（二）赔款支出的业务流程

赔款支出体现了保险公司经济补偿的职能，是保险公司的主要成本开支项目，保险公司应作为重点加以控制和管理。由于事故的发生频率及损失程度轻重很大程度上受到自然因素和社会环境的影响。而且有些保险理赔具有较强的专业性，保险事故的勘查定损需要依靠社会各专业机构进行测定和评估，而这些因素是保险公司自身无法控制的，因此保险赔款支出并不完全由保险公司决定，在实际工作中准确地处理理赔案件不是一件容易轻松的事。因此保险公司必须认真核实赔款支出，在支付赔款时必须要做到程序严格、手续完备、凭证齐全，防止滥赔、骗赔、人情赔款等现象的发生。具体来说，赔款支出包括以下业务程序：

1. 受理案件。它包括接受索赔报案时的报案登记、核对保单、报告案情和登记立案工作。

2. 现场勘查。经过确认事故发生在保单责任期限内、估计属于保单责任范围内的事故之后，理赔人员应亲赴现场，了解事故发生的原因与经过，并估算其损失程度。

3. 责任审核。对赔案是否属于保险责任范围进行确认，包括保单真伪审核，责任期限审核，保险利益、近因、代位追偿权等事项的核对，最后做出赔偿范围的结论。

4. 赔款计算。受损财产经过施救、保护、整理后，由被保险人提供财产损失清单和费用支出的原始单据，再由理赔人员根据现场的情况逐一核实，最后依据损失补偿原则及三个限额确定赔款金额。

5. 赔付结案。保险公司应在发出领取保险金通知单10日内向投保方支付赔款，否则须向投保方支付滞赔金。

(三) 赔付支出的主要业务处理

1. 当时结案的赔款支出

保险公司收到被保险人赔偿申请及各项有关材料后，应进行认真审核，确定赔偿责任，计算应赔偿金额，经批准后及时支付赔款。

当企业投保的财产出险时，企业将有关材料送交保险公司，承保的保险公司业务部门收到有关材料，经审查无误后，将赔款计算书和被保险人签章的赔款收据一并交公司会计部门，会计部门审核后，按赔款计算书的应赔款金额开出转账支票支付赔款。

保险公司的账务处理为：借：赔付支出——企业财产险
　　　　　　　　　　　　贷：银行存款

企业收到赔款时账务处理为：借：银行存款
　　　　　　　　　　　　　贷：××账户

2. 预付赔款的处理

保险公司在处理赔案的过程中，有些赔案损失较大，且案情复杂，由于种种原因不能当时或短时间内核实损失确定赔款金额。但是为了尽快恢复受损单位的生产，保险公司按估赔的一定比例，先预付一部分赔款，待核实结案时再一次结清。一般说来，预付赔款金额不得超过估损金额的50%，而且不能跨年度使用，结案率至少在85%以上。

当某工厂因自然灾害造成财产重大损失，一时不能结案，但是为了使工厂尽快恢复生产，保险公司一般按预计损失的50%，以支票预付赔款。

在预付赔款时，保险公司通过"预付赔款"账户，以转账的方式从"银行存款"账户将款项支付出去。

保险公司的账务处理为：借：预付赔款——企业财产险
　　　　　　　　　　　　贷：银行存款

企业的账务处理为：借：银行存款
　　　　　　　　　　贷：××账户

保险公司待调查核实确定财产损失的金额后，开出转账支票结清赔款。

这时将按实际赔款金额记入"赔付支出"账户，同时将原"预付赔款"所记的金额反方向转销，并将实际赔款与原预付赔款的差额通过"银行存款"账户划转投保人账户。

保险公司的账务处理为：
借：赔付支出——企业财产险（实际赔款金额）
贷：预付赔款——企业财产险（转销预付赔款）
银行存款（差额）
企业的账务处理为：借：银行存款
贷：××账户

3. 理赔勘查费用的处理

在理赔过程中发生的直接和间接的理赔勘查费用，是作为"赔付支出"处理。

如企业发生火灾，财产保险公司请来某知名公估行进行评估，以银行支票支付评估费。保险公司在付款时，增加"赔付支出"，同时用"银行存款"支付该费用。

保险公司的账务处理为：借：赔付支付——企业财产险
贷：银行存款

4. 损余物资处理

保险财产出现保险事故时，多数情况下是部分受损，因此，还有具有一定利用价值的"损余物资"。损余物资一般应归被保险人，其价值在赔款中予以扣除；如果被保险人不愿接受，保险公司可按全额赔付，损余物资归保险公司处理，处理损余物资的收入冲减赔款支出。损余物资在没有处理之前，要妥善保管并设"损余物资登记簿"，登记损余物资的数量和金额。

如商场发生火灾，经计算财产损失应赔款××元，保险公司应得的损余物资折价××元归商场所有，其余赔款由保险公司全部支付。

保险公司的账务处理为：借：赔付支出——企业财产险
贷：银行存款

对于损余物资，如果保险人一时不愿处理或无法处理，可由保险公司收回，作为物料用品暂存。此时，应按估价记入"损余物资"和"赔付支出"账户。

保险公司的账务处理为：借：损余物资
　　　　　　　　　　　　　贷：赔付支出——企业财产险

若保险公司以后变卖损余物资，得到价款时在存入"银行存款"的同时按原估价反方向记入"损余物资"账户，另将差额记入"赔付支出"账。

保险公司的账务处理为：借：银行存款
　　　　　　　　　　　　　贷：损余物资
　　　　　　　　　　　　　　　赔付支出——企业财产险

5. 应收代位追偿款

代位追偿款在满足一定条件时应确认为一项资产，并直接冲减赔付支出。保险人承担赔付保险金责任应收取的代位追偿款，同时满足下列条件的，应当确认为应收代位追偿款：

（1）与该代位追偿款有关的经济利益很可能流入保险人公司。

（2）该代位追偿款的金额能够可靠地计量。

如某保险公司承保的货物运输险发生保险事故，货物损失××万元，但是船运公司负有直接责任，需要承担赔偿责任××万元，保险公司在赔付了××万元的保险金后，享有向船运公司代位追偿的权利，满足确认条件。

先将货物损失××万元记入"赔付支出"和"银行存款"。再将货运公司需要承担的赔偿责任××万元记入"应收代位追偿款"和"赔付支出"账户。待收到追偿款时，增加"银行存款"，反方向销记"应收代位追偿款"。

保险公司的账务处理为：借：赔付支出——货运险
　　　　　　　　　　　　　贷：银行存款
　　　　　　　　　　　　　借：应收代位追偿款
　　　　　　　　　　　　　贷：赔付支出——货运险

收到追偿款时：借：银行存款
　　　　　　　　　贷：应收代位追偿款

6. 错赔或骗赔案件的处理

在保险理赔过程中，有时会发生错赔或骗赔案件，保险公司发现后应依法查处并追回赔款。

保险公司的账务处理为：借：银行存款
　　　　　　　　　　　　贷：赔付支出——××险

四、人身保险业务的处理程序和方法

人身保险是以人的生命或身体作为保险标的的一种保险。它是由保险公司根据国家法令或合同的规定，向投保人或被保险人收取保费，建立保险基金，用以对被保险人在生命或身体遇到保险事故或于约定时间期满时，履行给付义务的一种保险。

人身保险按照保险范围，可以分为人寿保险、意外伤害和健康保险三大类。

（一）人身保险的概念及种类

人身保险是指以被保险人在某一期间内生存或死亡为保险事故，给付约定保险金的保险。它具体又包括生存保险、死亡保险、两全保险、年金保险等。

在上述人身保险中与企业有关的主要是年金保险。

1. 年金保险

年金保险通常又被称为养老金保险。它是指保险人在约定的保险期间内以被保险人的生存为给付条件，按照一定的周期如1年、半年、1个月、1个星期给付保险金的保险。该险种可以实现为被保险人的老年生活提供经济保障的目的。被保险人在年轻的时候每年从其收入中拿出一部分资金支付保费以购买年金保险，当达到约定的领取年金的年龄时开始以定期定额或定期增额的方式领取保险金，直到被保险人死亡或规定的期限终了为止。

我国为鼓励企业为其职工提供养老保障，规定企业在职工工资总额的 4% 限额内，为其职工购买补充医疗保险而支付的保费可以税前列支。

2. 意外伤害险

意外伤害险是指被保险人因意外事故（外来的、偶然的、急剧的、非本意的）导致死亡或伤残时，保险人依照合同约定给付保险金。其期限在 1 年或 1 年以内。需要注意的是，对于被保险人由于疾病引起的残疾或死亡或者自然死亡，意外伤害保险人不负给付责任。

3. 健康保险

健康保险是指补偿被保险人因疾病或身体残疾所致使的损失的保险。它分为短期健康险和长期健康险，划分的标准以 1 年为界。长期健康险一般是单独出售，短期健康险一般也是单独出售，很少有把健康险与意外险和寿险捆绑为综合险出售。常见的做法是将寿险作为主险，短期健康险作为附加险。其原因在于健康险的经营风险很大，技术操作困难。

（二）人寿保险业务的处理

1. 寿险保费收入的处理

寿险公司的收入，以保险费为主，公司资产的增加亦主要依靠保险费收入。保险费是保险基金的根本来源，因此，及时收取保费，组织好保费收入，对于增加寿险公司的资金来源，增强寿险公司的偿付能力，提高经济效益，都具有十分重大的意义。一般而言，寿险业务的保费是根据死亡或生存给付、利息、业务经济费用三项组成的，死亡率、利率和费用率组成了保险费率。保险公司根据各险种的不同要求分别确定保险费率，并据以收取保费。

寿险保费收入确认的条件以及收入时的处理与财产保险业务保费收入是相同的，需要注意的是寿险合同保费金额的确定与非寿险合同有所不同。对于寿险合同，分期收取保费的，以应收取的保费确定；一次性收取保费的，则应当根据一次性应收取的保费确定。

(1) 实收保费时的处理

对于在保险业务发生时收取保费的情况下，由于保险业务已经发生，保险亦是即期保费，一次性收取的保费也视同即期保费并一次性计入保费收入账户。

当保险公司收到银行转来的收账通知，系某企业交来的团体养老金保险时，保险公司在增加"银行存款"的同时增加"保费收入"。

保险公司的账务处理为：借：银行存款
　　　　　　　　　　　　贷：保费收入——年金险
投保企业的账务处理：借：××账户
　　　　　　　　　　贷：银行存款

(2) 预收保费的处理

对于分期缴费的保险业务，投保人为了方便一次性交纳以后若干期保费，对于不属于当期的保费收入的多缴部分作为预收保费处理，到以后年度应缴费时再分期转回确认保费。

保险公司预收保费时：借：银行存款
　　　　　　　　　　贷：保费收入——年金保险
　　　　　　　　　　　　预收保费——××企业
企业的账务处理为：借：××账户
　　　　　　　　　贷：银行存款

在以后各个月份，将预收保费转为实现的保费收入时：
保险公司的账务处理为：借：预收保费——××企业
　　　　　　　　　　　贷：保费收入——年金保险

(3) 应收保费的处理

对于寿险保费，保单宽限期内欠缴的保费，应作为应收保费处理。这是寿险区别于非寿险合同的地方。按新准则规定，在保险合同延长期内承担给付保险金责任的为寿险合同，否则为非寿险合同。保险合同延长期是指投保人自上一期保费到期日未交纳保费，保险人仍承担赔付保险金责任的期间。所以寿险合同就会出现保单宽限期内欠缴保费的情况。

2. 保险金给付的处理

保险金给付是寿险公司对投保人在保险期满或期中支付保险金，以及对保险期内发生保险责任范围内的意外事故按规定给付保险金。寿险业务的保险金给付方式一般分为满期给付、死伤医疗给付和年金给付三种，它们是寿险业务的最大的开支项目，也是影响寿险业务损益的又一个关键因素。

(1) 满期给付

满期给付是在保险期满时，保险公司按保险合同规定一次性或者多次性地向被保险人支付的保险金。如，养老保险的被保险人若生存到保险期满（退休年龄），可按约定每月领取保险金，并直到死亡为止。又如，简易人身保险的被保险人可以在生存到保险期满时，按约定一次性领取全部保险金。以上的保险金给付均是以被保险人生存到保险期满为条件的，故都列到满期给付范围处理，通过"赔付支出"账户来处理。保险公司会计部门在给付时，如有未交保费或者未清偿的借款的，应予以扣除，支付余额。

保险公司的账务处理为：借：赔付支出——满期给付
　　　　　　　　　　　　贷：银行存款（或库存现金）

(2) 死伤医疗给付

死亡、伤残、医疗给付是被保险人在保险期限内，发生保险责任事故导致死亡、伤残或疾病时，按规定由被保险人或其受益人向保险公司领取的保险金。为了与满期给付相区别并便于考核，保险公司对此类给付通过"赔付支出"账户处理，该账户可以按险种设置更进一步的明细处理。保险公司会计部门在给付时，如有未交保费或者未清偿的借款的，应予以扣除，支付余额。

保险公司的账务处理为：借：赔付支出——死伤医疗给付
　　　　　　　　　　　　贷：银行存款（或库存现金）

(3) 年金给付

年金给付是指保险公司经营的长期人寿保险业务中，被保险人生存至保险合同规定的年限，按合同规定支付给被保险人保险金。年金给付分即期给付和延期给付两种。为了处理年金给付，保险公司应通过"赔付支出"账户进行处理，保险公司会计部门在给付时，如有未交保险或者未清偿的借款的，应予以扣除，支付余额。

保险公司的账务处理为：借：赔付支出——年金给付
　　　　　　　　　　　　贷：银行存款（或库存现金）

3. 加保与退保业务的处理

在保险期内，由于情况的变化，可能发生加保和退保的情况。无论是加保还是退保，均要求符合保险合同的规定，按一定的程序来进行。如果被保险人要求加保，就需要修改原保险合同，并进行账务处理。不过，寿险加保业务的凭证手续与会计处理和新参保寿险的业务是相同的，因此加保业务的收费处理完全可以参照前面所述的寿险业务保费收入处理方法进行处理。

退保则是指被保险人在保险期未满的情况下要求退保并获保险公司同意的业务，如被保险人迁移外地，就可按有关规定退保。退保时，由被保险人提出申请，交还保险证和交费凭证簿，由保险公司业务部门根据不同险种的具体规定核定其已交费年期和退保金额，连同有关单证交财务部门据以付款并记账。需要注意的是，寿险退保属于保单产生的现金价值的部分通过"退保金"处理，而寿险退保不属于保单产生的现金价值的部分和非寿险业务的退保则直接冲减"保费收入"。

五、意外伤害保险与健康保险业务的处理程序和方法

意外伤害保险和健康保险业务都属于人身保险业务的范畴，它们按照保险期限的长短不同又分别可以分为短期意外伤害险、长期意外伤害险和短期健康保险、长期健康保险。短期意外伤害和短期健康保险的处理原则与财险的处理相同，而长期意外伤害险和长期健康保险则可参照寿险业务的处理办法进行业务处理。

（一）短期意外伤害险

1. 短期意外伤害险的概念

短期意外伤害是指保险期限在1年或1年以下的以被保险人的身体作为保险标的的保险。它是以被保险人遭到意外伤害造成残疾、死亡为给付保险金条件的非寿险业务。意外伤害事故发生之日必须在保险期限之内，且该事故导致被保险人死亡或残疾症状出现之日，无论是在保险期限内还是超出了保险期限，只要是在事故发生之日起的90天或180天之内，保险人都应该承担给付责任。但对于被保险人由于疾病引起的残疾或死亡，或者自然死亡，意外伤害保险人不负给付责任。

投保人身意外伤害险的被保险人所面临的危险程度或费率计算要素，只与他们的职业、爱好和所处的环境有关，而与其年龄、性别不相关。

2. 保费计收方式

（1）按保额比例计收。如保险费率为2‰，则表示每千元保额收取2元保费。这种计费方式的保费随保额的增长而呈正比例增加。

（2）按收费金额的一定比例计收。如公路旅客意外伤害保险，保费按票价的2%计收，亦称保险费率为2%。

(3) 按约定的金额计收。旅游意外伤害险规定，每人每天收取一定金额的保费。在实际操作中，1年期意外伤害险的保费一般采取按保额的一定比例计收保费；极短期意外伤害险如航空公司承担旅客意外险，大多采用收费余额以机票票价的一定比率或按约定的金额计收保费。

(二) 短期健康险

1. 短期健康险的概念

短期健康保险是指保险期限在1年或1年以下的以被保险人的疾病、分娩所致残疾或死亡为保险标的的保险。在健康险合同有效责任期内，即通常自合同签订之日起180天的观察期后至合同终止日，被保险人因疾病、分娩所致的残疾或死亡，保险人应按照合同约定承担给付保险金责任。

2. 保费计算方式

(1) 期初固定保费。该方式采取在订立合同时确定投保人向保险人交纳固定数额的保险费，年末无论保险人所收取的保费是否足够支付赔款和营业费用，都与投保人无关，不足部分由保险人动用准备金补足。

(2) 期终分摊保费。此方式规定在订立合同时，投保人不交纳保险，待到保险期限终了时，根据全部赔偿支出及其他支出确定保额，计算每个被保险人应分摊的保费。

(3) 期初预交，期终结算保费。投保人在合同订立时，先按暂定费率标准缴纳保费，待保单期限结束时，保险业务盈亏结算后，按计算出来的保费多退少补。

(三) 短期意外伤害险和短期健康险的处理

短期意外伤害险和短期健康险与财产保险的处理方法基本相同。

1. 保费收入的处理

当保险公司会计部收到业务部传来的某企业为职工投保的

"人身意外伤害险日结单"及所附收据存根和转账支票时，经审核后处理如下：

保险公司的账务处理为：借：银行存款
　　　　　　　　　　　　贷：保费收入——意外伤害险
投保企业的账务处理为：借：××账户
　　　　　　　　　　　　贷：银行存款

2. 赔付支出的处理

企业投保团体人身意外伤害险后，若企业职工因意外事故死亡，并由医院出具死亡证明及验尸报告后，保险人经核实同意给付保险金时，以银行存款支付。

保险公司的账务处理为：
　　借：赔付支出——赔款支出团体意外伤害险
　　贷：银行存款
企业的账务处理为：借：银行存款
　　　　　　　　　　贷：××账户

（四）长期意外伤害险和长期健康险的处理

长期意外伤害险和长期健康险的处理可以参照寿险业务的处理办法。长期意外伤害险通常与长期寿险一起作为综合险出售，长期健康险则由于风险程度高、技术难度大而只能单独出售。

长期意外伤害险和长期健康险业务的保险收入、应收保费与寿险业务的处理相同，只是"死伤医疗给付"是专用于长期意外伤害险和长期健康险的科目。

第八部分 证券业务往来

一、证券业务往来概述

证券业务往来是指证券公司与企业的业务往来。金融企业经营的证券业务属于资本证券,资本证券是表明持券人的资本所有权或债权,并可以据其获得一定收益的证券。资本证券可以买卖,具有市场性,持有人能够获得一定的收益,并可以转让给他人而收回本金。随着我国经济体制改革和现代企业制度的建立,企业不断深化产权结构调整,股份制企业、股份合作制企业在更广泛的领域里推广开来。同时,以国家债券为主体的各种债券,也普遍受到投资者的偏好。股票和各种债券的广泛发行和持有,推动了证券经营业的迅速发展。

(一)证券及证券公司

1. 证券的概念

证券是指各类记载并代表一定权利的法律凭证,用以证明持有人有权依其所持凭证记载的内容而取得应有的权益。从一般意义上说,证券是指用以证明或设定权利所做成的书面凭证,它表明证券持有人或第三者有权取得该证券拥有的特定权利。

2. 证券公司的定义

证券公司是指依照《中华人民共和国公司法》规定,经国务院证券监督管理机构审查批准设立的从事证券经营业务的有限责任公司或者股份有限公司。证券公司不仅是证券市场上最重要的中介机构,也是证券市场的主要参与者,承担着证券代理发行、证券代理买卖、资产管理以及证券咨询等重要职能。

(二) 证券公司的业务内容

综合类证券公司的业务主要有：承销业务、经纪业务、自营业务、投资咨询业务、并购业务、受托投资管理业务、基金管理业务。

1. 承销业务，证券承销是指证券公司代理证券发行人发行证券的行为，它是证券公司的一项主要业务。

2. 经纪业务，证券经纪业务又称代理买卖证券业务，是指证券公司接受客户委托代客买卖有价证券的行为。

3. 自营业务，证券自营业务是证券公司为本公司买卖证券、赚取差价并承担相应风险的行为。

4. 投资咨询业务，投资咨询业务是指证券公司为客户提供的有关资产管理、负债管理、风险管理、流动性管理、投资组合设计、估价等多种咨询服务。

5. 并购业务，并购业务是证券公司作为公司的并购顾问，辅助客户物色目标公司，设计并购方案，代表客户接洽目标公司等业务。

6. 受托投资管理业务，这是证券公司根据有关法律、法规和投资委托人的投资意愿，作为受托投资管理人，与委托人签订受托投资管理合同，以委托人委托的资产在证券市场上购买股票、债券等金融工具的投资组合，以实现委托资产收益最大化。

7. 基金管理业务，基金管理业务是证券公司作为基金的发起人发起和设立基金，作为基金管理者管理自己发行的基金，也可以作为基金的承销人，帮助其他基金发行人向投资者发售基金收益凭证，还可以接受基金发起人的委托作为基金管理人，帮助管理基金，并据此获得一定的佣金收入。

上述七项都是综合类证券公司从事的业务范围，其中证券承销业务、证券经纪业务、证券自营业务为最主要的业务。在这些业务中证券公司与企业主要往来的是承销业务和经纪业务。

二、证券承销业务的处理程序和方法

(一) 证券承销的有关规定

根据《证券发行与承销管理办法》,证券公司在开展证券承销业务时,必须遵循以下规定:

1. 证券公司实施承销业务前,应当向中国证监会报送发行与承销方案。

2. 证券公司承销证券,应当依照《中华人民共和国证券法》第二十八条的规定采用包销或代销方式。证券代销是指证券公司代发行人发售证券,在承销期结束时,将未售出的证券全部退还给发行人的承销方式。证券包销是指证券公司将发行人的证券按照协议全部购入或者在承销期结束时将售后剩余证券全部自行购入的承销方式。上市公司配股或上市公司非公开发行股票未采用自行销售方式的,应当采用代销方式。

3. 股票发行采用代销方式的,应当在发行公告中披露发行失败后的处理措施。股票发行失败后,主承销商应当协助发行人按照发行价并加算银行同期存款利息返还款项给股票认购人。

4. 证券发行依照法律、行政法规的规定应当由承销团承销的,组成承销团的承销商应当签订承销团协议,由主承销商负责组织承销工作。证券发行由一家以上证券公司联合主承销的,所有担任主承销商的证券公司应当共同承担主承销责任,履行相关义务。承销团由三家以上承销商组成的,可以设副主承销商,协助主承销商组织承销活动。承销团成员应当按照承销团协议及承销协议的规定进行承销活动,不得进行虚假承销。承销协议和承销团协议可以在发行价格确定后签订。

5. 主承销商应当设立专门的部门或机构,协调公司投资银行、研究、销售等各部门共同完成信息披露、推介、簿记、定价、配售和资金清算等工作。

6. 证券公司在承销过程中，不得以提供透支、回扣或中国证监会认定的其他不正当手段诱使他人认购股票。

7. 主承销商应当按有关规定及时划付申购资金冻结利息。

8. 投资者认购缴款结束后，主承销商应当聘请具有证券从业资格的会计师事务所对认购资金进行检验，并出具验资报告。首次公开发行股票的，还应当聘请律师事务所对向战略投资者、询价对象的询价和配售行为是否符合法律、行政法规及本办法的规定等进行见证，并出具专项法律意见书。

9. 公开发行证券的，主承销商应当在证券上市后 10 日内向中国证监会报送备案承销总结报告，总结说明发行期间的基本情况及新股上市后的表现，并提供以下文件：募集说明书单行本两份；承销协议及承销团协议；律师见证意见；会计师事务所验资报告；中国证监会要求的其他文件。

（二）证券承销业务的处理

证券公司的证券承销业务主要有全额包销、余额包销和代销三种。

1. 全额包销

证券公司以全额包销的方式进行承销业务的，应在按承购价格购入待发售的证券时，确认为一项资产。证券公司将证券转售给投资者时，按发行价格确认为证券发行收入，按已发行证券的承购价格结转代发行证券的成本。发行期结束后，如有未售出的证券，应按承购价格转为公司的自营证券或长期投资。

（1）先将证券全部认购，并向发行单位支付全部证券款项，按承购价作如下处理：

证券公司的账务处理为：借：代理承销证券
　　　　　　　　　　　　贷：银行存款
发行企业的账务处理为：借：银行存款
　　　　　　　　　　　　贷：应付债券（或有关账户）

(2) 按承销价将证券转售给投资者，承销价与承购价之间的差额计作手续费及佣金收入。

证券公司的账务处理为：借：银行存款
　　　　　　　　　　　　　贷：代理承销证券
　　　　　　　　　　　　　　　手续费及佣金收入

投资企业的账务处理为：借：××投资
　　　　　　　　　　　　　　财务费用
　　　　　　　　　　　　贷：银行存款

(3) 发行期结束，将未售出的证券转为公司的金融资产管理，证券公司需要根据金融资产的性质及在本公司的用途，将其归类为"交易性金融资产"、"可供出售金融资产"等类型进行记账和管理。未售出的证券按承购价计入证券公司的金融资产，具体处理时，增加"交易性金融资产"和"代理承销证券"账户。

证券公司的账务处理为：借：交易性金融资产
　　　　　　　　　　　　　　（或可供出售金融资产）
　　　　　　　　　　　　贷：代理承销证券

2. 余额包销

公司以余额包销方式进行承销业务的，应在收到代发行人发售的证券时，按委托方约定的发行价格同时确认为一项资产和一项负债；发行期结束后，如有未售出的证券，应按约定的发行价格转为公司的金融资产；代发行证券的手续费收入，应于发行期结束后，与发行人结算发行价款时确认收入。

(1) 收到委托企业委托发行的证券时，应在备查簿中记录承销证券的情况，不必作账务处理。

(2) 在约定的期限内售出证券时，按承销价格记入"银行存款"和"代理承销证券款"账户。

证券公司的账务处理为：借：银行存款

        贷：代理承销证券款
  委托企业的账务处理为：借：××账户
        贷：银行存款
  （3）承销期结束，将募集资金付给委托企业并收取手续费，记入"代理承销证券款"和"银行存款"账户。同时，冲销备查簿中登记的承销证券。

  证券公司的账务处理为：借：代理承销证券款
        贷：银行存款
          手续费及佣金收入
  委托企业的账务处理为：借：银行存款
          财务费用
        贷：××账户

  （4）承销期结束时如有未出售的证券，采用余额承购包销方式承销证券的公司，要依据合同规定按照承购价格进行认购，把未售出的证券转为公司的金融资产管理，证券公司需要根据金融资产的性质及在本公司的用途，将其归类为"交易性金融资产"、"可供出售金融资产"等类型进行记账和管理，记入"交易性金融资产"和"代理承销证券款"账户。

  证券公司的账务处理为：借：交易性金融资产
         （或可供出售金融资产）
        贷：代理承销证券款

  如某证券公司与企业签订合同，采用余额包销方式代企业发行股票。企业交来股票4000万股，每股面值1元。代发行手续费为0.2%。发行期结束时尚有200万元未售出，公司将其转作交易性金融资产处理。

  企业交来代发行股票时，证券公司在备查簿中记录待承销证券的情况。

  承销证券时，证券公司的处理是：

借:银行存款 38000000
　　贷:代理承销证券款 38000000

承销期结束后,尚未售出的 200 万元转作公司交易性金融资产处理,记入"交易性金融资产"和"代理承销证券款"账户。

借:交易性金融资产 2000000
　　贷:代理承销证券款 2000000

将代发行证券交给企业,并从中扣取手续费 8 万元,记入"代理承销证券款"和"银行存款"及"手续费收入"账户。

借:代理承销证券款 40000000
　　贷:银行存款 39920000
　　　　手续费及佣金收入 80000

在上述业务中企业的账务处理为:

借:××账户
　　贷:银行存款
借:银行存款
　　财务费用
　　贷:××账户

3. 代销

公司以代销方式经办承销业务的,应在收到代发行人发售的证券时,按委托方约定的发行价格同时确认一项资产和一项负债;代发行证券的手续费收入,应于发行期结束后,与发行人结算发行价款时确认收入。采用代销方式代理发行证券,主要有网上代销和柜台代销两种。

(1) 网上代销

具体账务处理如下:

通过证券交易所上网发行的,在证券上网发行日根据承销合同确认的证券发行总额,按承销价格,在备查簿中记录承销证券的情况。

网上发行结束后,与证券交易所交割清算,按网上发行数量和发行价格计算的发行款项减去上网费用。

证券公司的账务处理为:
　　借:结算备付金——证券公司
　　　　其他应收款——应收代垫委托单位上网费
　　贷:代理承销证券款

将发行证券交给委托企业,并收取发行手续费和代垫上网费用。

证券公司的账务处理为:
　　借:代理承销证券款
　　贷:其他应收款——应收代垫委托单位上网费
　　　　结算备付金——证券公司
　　　　手续费及佣金收入

同时,冲销备查簿中登记的承销证券。

承销期结束如有未售出的证券,将未售出的代发行证券退还委托企业。

(2)柜台代销

具体处理为:

通过柜台代理发行证券,收到委托企业委托发行的证券,按约定的承销价格,在备查簿中记录承销证券的情况。

证券售出,按承销价格作如下处理:记入"银行存款"和"代理承销证券款"账户。

证券公司的账务处理为:借:银行存款
　　　　　　　　　　　　贷:代理承销证券款

将发行证券款项交委托企业,并收取发行手续费,记入"代理承销证券款"和"银行存款"账户。

证券公司的账务处理为:借:代理承销证券款
　　　　　　　　　　　　贷:银行存款

手续费及佣金收入

发行期结束，将未售出的代理承销证券退还委托企业。同时，冲销备查簿中登记的承销证券。

三、证券经纪业务及其他业务的处理程序和方法

（一）证券经纪业务的处理

证券经纪业务是指证券经营机构通过其设立的证券营业部，接受客户委托，按照客户的要求，代理客户买卖证券的业务。

证券经纪业务是证券公司最基本的一项业务。证券经纪业务又称代理买卖证券业务，是指证券公司接受客户委托代客买卖有价证券的行为。证券公司作为中介人，代为办理证券买卖，根据委托人对证券品种、价格和交易数量的委托办理证券交易。

证券经纪业务主要有代理买卖证券、代理兑付证券、代保管证券等。证券公司从事经纪业务收取手续费，是证券公司营业收入的主要部分。

1. 有关资金专户的处理

证券公司代理企业进行证券买卖，企业将款项交存证券公司，公司应设立资金专户，将代理买卖证券款与公司自有资金严格区分使用，不得随意挪用和占用客户资金。涉及资金专户的处理有以下情况：

（1）记录企业开设资金专户并交来款项时：

证券公司的账务处理为：借：银行存款
　　　　　　　　　　　　　贷：代理买卖证券款

企业的账务处理为：借：××账户
　　　　　　　　　　贷：银行存款

（2）日常再存款时，与上述开户存款处理相同；若取款，账务处理方向相反。

（3）当企业结息销户时，首先结清利息，具体处理为：

证券公司的账务处理为：借：应付利息
　　　　　　　　　　　　贷：银行存款
提款销户时：
证券公司的账务处理为：借：代理买卖证券款
　　　　　　　　　　　　贷：银行存款
企业的账务处理为：借：银行存款
　　　　　　　　　　贷：××账户
（4）按季计提客户存款利息时：
证券公司的账务处理为：借：利息支出
　　　　　　　　　　　　贷：应付利息
企业资金专户统一结息时：记入"应付利息"、"利息支出"和"代理买卖证券款"账户。
证券公司的账务处理为：
　　借：应付利息——客户（已提利息部分）
　　　　利息支出（未提利息部分）
　　　贷：代理买卖证券款
（5）公司为企业在证券交易所开设清算资金专户时，记入"结算备付金"和"银行存款"账户。
证券公司的账务处理为：借：结算备付金
　　　　　　　　　　　　贷：银行存款
企业的账务处理为：借：银行存款
　　　　　　　　　　贷：××账户

2. 代理买卖证券的处理

代理买卖证券是证券公司代理客户"企业"进行证券买卖的业务。公司代理客户买卖证券收到的代理买卖证券款，必须全额存入指定的商业银行的资金专户，不能与本公司的存款混淆。公司在收到代理客户买卖证券款的同时，还应当确认一项负债，与客户进行相关的结算。

(1) 证券公司接受客户委托，通过证券交易所代理买卖证券，与客户清算时，如果买入证券成本总额大于卖出证券成交总额时。处理方法是：

证券公司的账务处理为：借：代理买卖证券款
　　　　　　　　　　　　　　手续费及佣金支出
　　　　　　　　　　　　贷：结算备付金
　　　　　　　　　　　　　　手续费及佣金收入

(2) 证券公司接受客户委托，通过证券交易所代理买卖证券，与客户清算时，如果卖出证券成交总额大于买入证券成本总额。具体处理是：

证券公司的账务处理为：借：结算备付金
　　　　　　　　　　　　　　手续费及佣金支出
　　　　　　　　　　　　贷：代理买卖证券款
　　　　　　　　　　　　　　手续费及佣金收入

3. 代理认购新股

(1) 代企业认购新股，收到企业认购款时：

证券公司的账务处理为：借：银行存款
　　　　　　　　　　　　贷：代理买卖证券款

企业的账务处理为：借：××账户
　　　　　　　　　　贷：银行存款

(2) 将款项划付清算代理机构。

证券公司的账务处理为：借：结算备付金
　　　　　　　　　　　　贷：银行存款

(3) 企业办理申购手续，在公司与证券交易所清算时：

证券公司的账务处理为：借：代理买卖证券款
　　　　　　　　　　　　贷：结算备付金

(4) 证券交易所完成中签认定工作，将未中签的资金退给客户。

证券公司的账务处理为：借：结算备付金
　　　　　　　　　　　　贷：代理买卖证券款
（5）公司将未中签的款项划回。
证券公司的账务处理为：借：银行存款
　　　　　　　　　　　　贷：结算备付金
（6）公司将未中签的款项退给客户时：
证券公司的账务处理为：借：代理买卖证券款
　　　　　　　　　　　　贷：银行存款
申购企业的账务处理为：借：银行存款
　　　　　　　　　　　　贷：××账户

4. 代理配股派息
（1）代理企业办理配股业务，有以下两种情况：
当日向证券交易所解交配股款的，客户提出配股要求，证券公司作如下处理：
　　借：代理买卖证券款
　　　贷：结算备付金
定期向证券交易所解交配股款的，客户提出配股要求，证券公司作如下处理：
　　借：代理买卖证券款
　　　贷：其他应付款
与证券交易所清算配股款，按配股金额处理。
　　借：其他应付款
　　　贷：结算备付金
（2）代理客户领取现金股利和利息：
　　借：结算备付金
　　　贷：代理买卖证券款
（3）公司按规定向客户统一结息：
　　借：利息支出

　　　　贷：代理买卖证券款
5. 代理兑付证券
（1）接受委托代企业兑付到期的无记名债券的处理
收到委托企业的兑付资金时：
证券公司的账务处理为：借：银行存款
　　　　　　　　　　　　贷：代理兑付证券款

企业的账务处理为：借：××账户
　　　　　　　　　　贷：银行存款
收到客户交来的实物债券，按兑付金额记账。
证券公司的账务处理为：借：代理兑付证券
　　　　　　　　　　　　贷：银行存款
向委托企业交回已兑付的实物债券时：
证券公司的账务处理为：借：代理兑付证券款
　　　　　　　　　　　　贷：代理兑付证券
如果委托企业尚未拨付兑付资金，并由证券公司垫付的，收到兑付债券等时按兑付金额记入"代理兑付证券"账户借方和"银行存款"账户贷方。
向委托企业交回已兑付的证券并收回垫付的资金时：
证券公司的账务处理为：借：银行存款
　　　　　　　　　　　　贷：代理兑付证券

企业的账务处理为：借：××账户
　　　　　　　　　　贷：银行存款
收到代兑付手续费收入时：
证券公司的账务处理为：借：银行存款
　　　　　　　　　　　　贷：手续费及佣金收入
企业的账务处理为：借：财务费用
　　　　　　　　　　贷：银行存款

(2) 接受委托代企业兑付到期的记名债券的处理
收到委托企业的兑付资金时：
证券公司的账务处理为：借：银行存款
　　　　　　　　　　　　贷：代理兑付证券款
企业的账务处理为：借：××账户
　　　　　　　　　　贷：银行存款
兑付债券本息时：
证券公司的账务处理为：借：代理兑付证券款
　　　　　　　　　　　　贷：银行存款
证券公司收取代兑付手续费收入的账务处理：
如果向委托企业单独收取：借：银行存款
　　　　　　　　　　　　　贷：手续费及佣金收入
如果手续费与兑付款一并汇入：借：银行存款
　　　　　　　　　　　　　　贷：代理兑付证券款
兑付债券业务完成后，确认手续费收入时
　　借：代理兑付证券款
　　　贷：手续费及佣金收入

(二) 其他证券业务

其他证券业务是指证券公司经批准在国家许可的范围内进行的除经纪、自营和承销业务以外的与证券有关的业务。主要有拆出资金、买入返售证券、卖出回购证券和受托资产管理等。

1. 拆出资金

证券公司向其他企业拆出资金，分为拆出资金、计提利息、到期收回本息和逾期处理四个步骤进行处理。

(1) 拆出资金时

证券公司的账务处理为：借：拆出资金
　　　　　　　　　　　　贷：银行存款
拆入企业的账务处理为：借：银行存款

　　　　　　　　　贷：××账户
(2) 计提或收取资金利息时
证券公司的账务处理为：借：应收利息
　　　　　　　　　（或银行存款）
　　　　　　　　　贷：利息收入
(3) 到期收回拆出资金时
证券公司的账务处理为：借：银行存款
　　　　　　　　　贷：拆出资金
　　　　　　　　　　　利息收入
拆入企业的账务处理为：借：××账户
　　　　　　　　　　　财务费用
　　　　　　　　　贷：银行存款

2. 买入返售金融资产

买入返售金融资产是指公司与其他企业以合同或协议的方式，按一定价格买入证券，在到期日再按合同规定的价格将该批证券返售给其他企业，以获取买入价和卖出价的差价收入。证券公司在买入某种证券时，按实际发生的成本确认为一项资产；证券到期返售时，按返售价格与买入成本价格的差额，确认为当期收入。

(1) 通过国家规定的场所买入证券，按实际支付的款项，作如下处理：

　　借：买入返售金融资产
　　　　贷：结算备付金

(2) 在资产负债表日，应按合同约定的名义利率计算确定的买入返售金额资产的利息收入。

　　借：应收利息（或应收股利）
　　　　贷：利息收入（或投资收益）

收到支付的买入返售金融资产的利息、现金股利等。

　　　　借：结算备付金
　　　　　　贷：应收利息（或应收股利）
　　合同约定的名义利率与实际利率差异较大的，应采用实际利率计算确定利息收入。
　　（3）证券到期返售，按实际收到的款项，作如下处理：
　　　　借：结算备付金
　　　　　　贷：买入返售金融资产
　　　　　　　　利息收入（或投资收益）
　3. 卖出回购金融资产
　　卖出回购证券是指证券公司与其他企业以合同或协议的方式，按一定价格卖出证券，在到期日再按合同规定的价格买回该证券，以获得一定时期内资金的使用权。证券公司应于卖出证券时，按实际收到的款项确认为一项负债；证券到期购回时，按实际支付的款项与卖出证券时实际收到的款项的差额，确认为当期费用。
　　（1）通过国家规定的场所卖出证券，按实际收到的款项作账务处理。
　　　　借：结算备付金
　　　　　　贷：卖出回购金融资产款
　　（2）在资产负债表日，应按实际利率计算确定的卖出回购金融资产的利息费用。
　　　　借：利息支出
　　　　　　贷：卖出回购金融资产款
　　实际利率与合同约定的名义利率差异很小的，也可以采用合同约定的名义利率计算确定利息费用。
　　（3）卖出回购金融资产协议到期时。
　　　　借：卖出回购金融资产款
　　　　　　利息支出

贷：结算备付金

4. 受托资产管理

受托资产管理是指证券公司接受委托，负责经营管理受托资产的业务。证券公司受托经营管理的资产，应按实际受托资产的款项，同时确认为一项资产和一项负债；证券公司对受托管理的资产进行证券买卖，按代买卖证券业务的会计核算进行处理；合同到期，与委托企业结算收益或损失时，按合同规定的比例计算应由证券公司享有的收益或承担的损失，确认为当期的收益或损失。经营管理的资产，应按实际受托资产的款项，同时确认为一项资产和一项负债；证券公司对受托管理的资产进行证券买卖，按代买卖证券业务的账务处理方法进行处理；合同到期，与委托企业结算收益或损失时，按合同规定的比例计算的应由证券公司享有的收益或承担的损失，确认为当期的收益或损失。

(1) 证券公司收到委托企业汇入款项。

证券公司的账务处理为：

　借：银行存款

　　贷：代理业务负债

委托企业的账务处理为：借：××账户

　　　　　　　　　　　贷：银行存款

(2) 证券公司用受托资金购买证券，按实际成本处理。

证券公司的账务处理为：借：代理业务资产（成本）

　　　　　　　　　　　贷：结算备付金

(3) 将购买的证券卖出，按实际收到的价款处理。

证券公司的账务处理为：

　借：结算备付金

　　贷：代理业务资产（成本）

　　　　代理业务资产（已实现未结算损益）

(4) 定期或在委托合同到期与委托企业进行结算时，按合同约定比例计算代理业务资产收益,并结转已实现未结算损益。

证券公司的账务处理为:

  借:代理业务资产(已实现未结算损益)

   贷:代理业务负债

    手续费及佣金收入

若代理业务资产发生亏损时,证券公司的账务处理为:

  借:代理业务负债

   手续费及佣金支出

   贷:代理业务资产

(5)到期退还企业委托管理的资金及损益。

证券公司的账务处理为:借:代理业务负债

         贷:银行存款

委托企业的账务处理为:借:银行存款

         贷:有关账户

参考文献

1. Betker Brian L., *An Empirical Examination of Prepackaged Bankruptcy*, Financial Management 24, Spring 1995
2. 于小雷. 新企业会计准则实务指南（金融企业类）. 北京：机械工业出版社，2007
3. 道格拉斯·R·爱默瑞，等. 公司财务管理. 北京：中国人民大学出版社，2000
4. 朱叶. 公司金融. 上海：复旦大学出版社，2006
5. 〔法〕让·若尔（Jean Tirole）. 公司金融理论. 北京：中国人民大学出版社，2006
6. 亚历山大. 商业银行操作风险. 陈林龙译. 北京：中国金融出版社，2005
7. 庄毓敏. 商业银行业务与经营. 第2版. 北京：中国人民大学出版社，2005
8. 陈昌龙. 新企业会计准则讲解. 北京：清华大学出版社，北京交通大学出版社，2006
9. 黄光松，等. 最新企业会计准则导读. 上海：上海财经大学出版社，2006
10. 王红梅，吴军梅. 商业银行业务与经营. 北京：中国金融出版社，2007
11. 周建松. 货币金融学概论. 北京：中国金融出版社，2006
12. 朱明. 金融法概论. 北京：中国金融出版社，2006
13. 刘旭东. 商业银行客户经理. 北京：中国金融出版

社，2006

14. 刘传良，等．商业银行中间业务．北京：中国金融出版社，2006

15. 贺瑛，等．国际结算．北京：中国金融出版社，2006

16. 唐宴春．金融企业会计实训与实验．北京：中国金融出版社，2006

17. 李海波．会计学原理．第2版．北京：立信会计出版社，2007

18. 本书编写组．企业会计准则新旧对照．北京：中国法制出版社，2006

19. 熊继渊，楼铭铭．商业银行经营管理新编．上海：复旦大学出版社，2005

20. 袁长军．银行营销学．北京：中国金融出版社，2004